光明社科文库
GUANGMING DAILY PRESS:
A SOCIAL SCIENCE SERIES

·经济与管理书系·

区域创新能力提升研究
——以科技服务业为视野

邹　环丨著

光明日报出版社

图书在版编目（CIP）数据

区域创新能力提升研究：以科技服务业为视野 ／ 邹
环著 . -- 北京：光明日报出版社，2024.6. -- ISBN
978 - 7 - 5194 - 8076 - 9

Ⅰ . F127

中国国家版本馆 CIP 数据核字 20240CB070 号

区域创新能力提升研究：以科技服务业为视野

QUYU CHUANGXIN NENGLI TISHENG YANJIU：YI KEJI FUWUYE WEI SHIYE

著　　者：邹　环			
责任编辑：杨　娜		责任校对：杨　茹　贾　丹	
封面设计：中联华文		责任印制：曹　净	

出版发行：光明日报出版社

地　　址：北京市西城区永安路 106 号，100050

电　　话：010-63169890（咨询），010-63131930（邮购）

传　　真：010-63131930

网　　址：http://book.gmw.cn

E - mail：gmrbcbs@ gmw.cn

法律顾问：北京市兰台律师事务所龚柳方律师

印　　刷：三河市华东印刷有限公司

装　　订：三河市华东印刷有限公司

本书如有破损、缺页、装订错误，请与本社联系调换，电话：010-63131930

开　　本：170mm×240mm

字　　数：186 千字　　　　　　印　　张：14

版　　次：2024 年 6 月第 1 版　　印　　次：2024 年 6 月第 1 次印刷

书　　号：ISBN 978 - 7 - 5194 - 8076 - 9

定　　价：89.00 元

内容简介

　　推动区域协调发展，必须坚持创新是第一动力。本书就如何通过促进科技服务业发展，提升区域创新能力问题进行实证研究。通过经济学理论模型构建，演化经济地理视角分析和计量经济学实证检验，从理论分析和实证检验两个方面研究了科技服务业发展对区域创新能力提升的内在作用机制，科技服务业发展与区域创新能力提升的关联性特征，科技服务业发展对区域创新能力提升的空间分布特征、演化规律及空间关联和空间门槛效应；同时，还分析了科技服务业发展对区域创新能力促进作用存在的区域差异性及其产生的原因。在此基础上，就如何促进科技服务业发展、提升区域创新能力、解决区域发展不平衡等问题提出了一些政策建议。

序　言

区域协调发展是构建现代经济体系与高质量发展空间格局的客观需要，是解决区域发展不平衡问题的内在要求，是构建新发展格局的重要途径。推动区域协调发展，必须坚持创新是第一动力。

本书就如何通过促进科技服务业发展、提升区域创新能力问题进行实证研究。通过经济学理论模型构建，演化经济地理视角分析和计量经济学实证检验，从理论分析和实证检验两个方面着重研究了科技服务业发展对区域创新能力提升的内在作用机制，科技服务业发展与区域创新能力提升的关联性特征，科技服务业发展对区域创新能力提升的空间分布特征、演化规律及空间关联和空间门槛效应；同时，还分析了科技服务业发展对区域创新能力促进作用存在的区域差异性及其产生的原因。在此基础上，就如何促进科技服务业发展、提升区域创新能力、解决区域发展不平衡等问题提出了一些政策建议。

本书采用的研究方法是基于经济学中生产者决策构建反映科技服务业与区域创新能力关系的理论模型。利用中介效应模型、空间计量模型、面板门槛模型等计量分析模型和方法，从定性和定量两个角度对科技服务业发展提升区域创新能力的作用机制、空间关联效应及空间门槛效应等进行理论和实证研究。内容结构安排是按照"问题提出—理论模型—经验和实证研究—政策建议"的内在逻辑展开的。在全书的最后提出了构建区域科技服务业发展良性生态、重视扶持政策的现实效率与前瞻性相结合、注重政策的区域差异性与多元性等对策建议。

　　本书共分为八章：第一章分析选题背景及研究意义、主要内容与结构安排、研究方法和技术路线、创新与不足。第二章是现有国内外研究文献综述。第三章是科技服务业发展提升区域创新能力影响的要素配置机制、空间关联机制及空间门槛机制理论分析。第四章是科技服务业发展与区域创新能力现状分析。第五章是科技服务业发展对区域创新能力提升的要素配置机制实证分析。第六章是科技服务业发展提升区域创新能力的空间关联机制实证分析。第七章是科技服务业发展提升区域创新能力的空间门槛机制检验。第八章是主要结论和对策建议。本书适合区域经济学研究人员从事科研教学使用，具备较强的专业性。

目　录
CONTENTS

图表目录

图目录

表目录

第一章

绪　论

第一节　研究背景及意义

一、研究背景

当前，中国经济由高速增长阶段转向高质量发展阶段。经济高质量发展，是体现新发展理念的发展，是解决我国当前发展不平衡不充分主要矛盾的必要途径，也是建设现代化经济体系的主要目标。高质量发展对多种经济要素提出了更高的要求，尤其强调创新作为第一动力的作用。因此，深入实施创新驱动发展战略，以创新推动经济高质量发展成为中国面向"十四五"乃至更为长远时期经济发展必须解决的关键性问题。

创新是现代经济增长的核心因素。中国自实行创新驱动发展战略以来，一直将建设创新型国家作为发展的重要目标。中国自提出"科学技术是第一生产力"这一科学论断开始，通过持续不断的实践与探索，逐渐形成了一个完整的鼓励创新的政策体系。中国近来提出的经济高质量发展，将技术创新摆在经济发展更为突出的位置。2020 年，《政府工作报告》明确提出要提高科技创新的支撑能力，要强化企业作为创新的主体作用，引导企业增加研发投入。近年来，中国的创新能力快速提升，取得了巨大的成就。以创新研发投入为例，中国是目前世界上创新研发投入（R&D 投入）增速最快的国家之一。2008 年至 2018 年间，中国 R&D 投入从 4614 亿元增加至 19677.9 亿元，年均增长率达到 15.7%，特别是在当前换挡转型期经济增长放缓的情况下，中国 R&D 投入的增速依然保持在 10% 以上，R&D 投入占 GDP 比重也从 2008 年的 1.47% 上升到 2018 年的 2.19%，反映着中国创新能力的不断提升（如图 1-1 所示）。

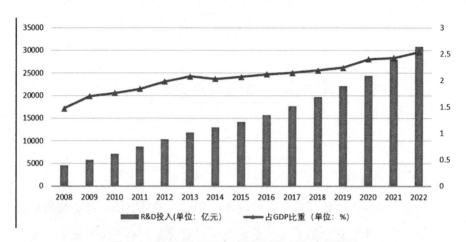

图 1-1　2008 至 2018 年中国 R&D 投入发展状况

资料来源：《中国统计年鉴（2009—2019）》《中国科技统计年鉴（2009—2019）》

与中国创新能力快速提升相对应，中国技术创新的市场化程度也日益加深，技术创新市场活动日益活跃。中国技术市场交易额从 2008 年的 2665.2 亿元增至 2018 年的 17697.4 亿元，年均增长率超过 20%，并且科技服务业成为技术交易的重要主体（如图 1-2 所示）。以 2017 年为例，作为科技服务业的代表部门，电子信息服务业是 2017 年技术交易额最大的行业，该年技术交易额为 3860.72 亿元，占当年技术交易额的 21.92%，科技服务业已经成为最能体现中国创新市场与创新能力发展状况的部门之一。

虽然中国创新能力提升十分迅速，且在一些技术领域已经处于世界领先地位，但从总体来看，与世界一些发达经济体仍然存在较大差距，

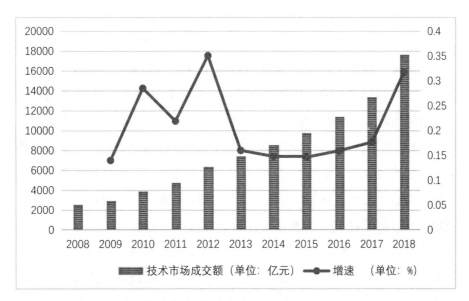

图1-2 2008至2018中国技术市场交易额

数据来源:《中国科技统计年鉴(2009—2019)》

主要体现在一些关键领域与关键技术的"卡脖子"问题上。习近平总书记于2017年关于科技工作的一次座谈会指出,我国在一些关键技术上还存在着被部分发达国家技术垄断的现象,并强调要在芯片、操作系统、发动机、精密仪器等核心领域攻坚克难①。中国过去技术的发展往往依靠模仿式创新,但是随着当前国际经济环境收紧,我国一些领域面临的研发短板被暴露出来。在我国的技术短板中,除了如芯片制造、集成电路等硬件之外,包含在科技服务业之中的软件行业短板也十分严重。例如,目前中国90%以上的移动终端操作系统依靠进口,国产操作系统在普及性和实用性上仍然处于劣势;中国是世界上最大的互联网数据产出国,但是在2018年数据处理领域专利数量全球排名前五的企业中尚无中国企业。

---

① 陈红霞. 习近平科技创新思想及其鲜明特色 [J]. 中共山西省直机关党校报,2018 (2):9-12.

　　与此同时，中国科技服务业与区域创新能力发展存在明显的地区差异，这是发展"不平衡"矛盾在科技服务业与区域创新能力发展领域的一个重要体现。根据工信部发布的软件和信息技术服务业统计公报显示，2018年，全国信息传输、软件和信息技术服务业总收入达到63061亿元，而东部地区收入占49795亿元，占比达到78.96%，是其他地区收入总额的3倍以上。通过科技服务业增加值占地区生产总值的比重反映各地区科技服务业的发展状况（如图1-3所示）。研究发现高于全国总体水平的省级区域有北京、天津、上海、广东、江苏、浙江、重庆7个省市。科技服务业增加值占比超过10%的有4个，其中北京科技服务业占比为21.17%，为全国最高。与此相对应，很多地区科技服务业在地区生产总值中的占比不及全国总体水平，并且绝对数值也不高，其区域科技服务业发展有待进一步提高。总而言之，中国科技服务业与区域创新能力发展水平存在着明

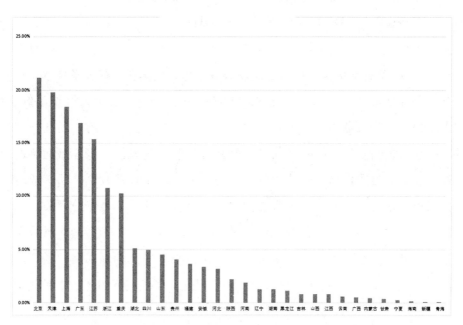

图1-3　2018年各地区科技服务业增加值占地区生产总值比重

资料来源：《中国科技统计年鉴》以及各地统计官方网站

显的区域不平衡问题，影响着中国整体创新能力的提升和区域间的协调发展，科技服务业与区域创新能力发展的不平衡问题需要引起进一步关注与重视。

科技服务业是高新技术服务业的重要组成部分，在区域创新体系中具有不可替代的地位：一方面，科技服务业包含技术研发、科研管理服务等部门，这些部门是技术创新的直接生产者，此类产业部门的强弱与区域创新能力直接相关；另一方面，科技服务业还包括电信服务、技术交易中介等技术转化部门，技术创新与其他产业的关联部门，此类科技服务业部门的发展将技术创新转化为生产工艺和最终产品，并推向市场，产生经济效益。因此，本书的研究将重点回答以下两个方面的问题：

第一，科技服务业对区域创新能力产生影响的内在机制。通过已有研究和对事实的观察发现，科技服务业发展会对区域创新能力产生积极影响，但其作用机制有待进一步探究。尽管现有学者提出了关于知识创造、人才聚集等零散的解释，但是关于产生这种影响的内在机制尚无一个全面系统的分析，尤其是缺少一个完整经济理论框架下的机制分析与实证检验。本书拟从理论分析、经验与实证研究两个方面，重点分析科技服务业对区域创新能力的作用机制。

第二，中国科技服务业与区域创新能力的空间分布特征与关联规律。国内外学者的研究都关注到了科技服务业发展对区域创新能力的影响，也提出了一些具体的影响机制。但在"区域经济"这一特殊的单元下，除了已有研究提及的影响机制外，科技服务业对创新能力的影响机制的分析需要特别回答三个问题：首先，科技服务业对区域创新能力影响基础的微观机制是什么？其次，区域内存在着诸多相互关联的产业，科技服务业是否会通过各个产业之间的分工影响区域创新能力？这种影响的作用效果如何？最后，科技服务业对区域创新能力的影响，是否存在着跨区域的关联？科技服务业对区域创新能力的影响的空间关系是怎样的？这些问题都需要从理论和实证层面进行解释。

二、研究的意义

理论意义层面，创新被认为是现代经济增长的源泉，人们关于区域创新能力的影响因素研究也呈现出日益丰富深入的趋势。本书从科技服务业对区域创新能力的视角，丰富这一领域的相关研究。国内外学者已经对区域创新能力和科技服务业的相关问题进行了一定程度的探讨，但是现有研究仍存在以下不足：第一，科技服务业对区域创新能力的正向影响已经得到了来自经验与数据上的多方验证，但是鲜有在"区域经济"视角下对影响机制的系统探索，尤其缺乏基于区域经济特征、从微观基础到区域经济联系的整体性理论框架。第二，部分学者已经开始关注中国区域创新能力、科技服务业发展以及二者关系的区域差异问题，但是对二者关系的区域差异问题研究多集中于具体地区，缺乏从整体层面对科技服务业发展与区域创新能力关系空间分布与演化的研究。第三，尽管现有研究已经发现了技术水平提升、人力资本积累等一些影响机制，但是现有文献对科技服务业影响区域创新能力的具体作用机制的研究仍然不足，特别是缺乏对上述机制空间效果、区域差异和门槛特征的实证检验和区域量化比较的研究。本书将通过构建理论模型、探索内在机制、综合演化经济地理与计量经济学研究范式等方式，从理论分析、研究方法的角度丰富和发展现有研究。

现实意义层面，科技服务业发展与区域创新能力提升是中国当前构建现代化经济体系、实现区域创新发展需要解决的重大现实问题。因此，如何发挥科技服务业对区域创新能力的带动作用，是当前中国经济高质量发展的重要问题。与此同时，科技服务业对区域创新能力积极影响的区域差异也是中国特色社会主义新时代"不平衡、不协调"矛盾的具体表现之一，如何破解中国科技服务业对区域创新能力影响区域不平衡问题，也需要在理论上进行关于这种不平衡产生机制的深入研究。本书通过对这种区域差异形成原理进行深入的分析与研究，能够为缓解这种区域发展不平衡、增强中国各区域创新能力提供政策启示。

第二节 研究内容与结构安排

本书的主要内容共分为八个章节，每个章节根据需要下设若干小节，具体内容如下：

第一章为绪论。主要从中国创新能力与科技服务业发展概况、空间特征和现存问题等角度介绍了研究背景，并据此提出本书研究的问题。根据研究问题设置与研究内容需要，提出研究的主要内容框架与技术路线，并且对研究意义、研究的创新与不足之处进行了概述。

第二章为文献综述。本章对研究相关的主要概念进行了严格的划分与界定。在此基础上，针对与本书研究主题相关的区域创新能力研究、科技服务业发展研究以及科技服务业与区域创新能力关系研究进行了梳理和总结。针对现有研究的不足与待丰富之处，确定了本书研究的出发点与深入方向。

第三章为科技服务业发展提升区域创新能力机制研究。主要进行要素配置机制（点）、空间关联机制（线）和空间门槛机制（面）三类机制的研究，系统地提出关于科技服务业对区域创新能力影响的理论假说。

第四章为中国科技服务业发展与区域创新能力发展现状分析。主要聚焦于中国实际情况，探讨中国科技服务业与区域创新能力现实中的相关问题。与理论研究"个体—网络—空间"的逻辑保持一致，本章对中国科技服务业与区域创新能力的现状的分析也分为三个部分：现状、空间网络和空间格局分析。相对于基础的现状分析，本书在整体上分析中国科技服务业与区域创新能力发展的现状、显著问题以外，更加侧重对"区域空间"层面问题的关注。本章加入了对中国科技服务业与区域创新能力的网络研究和科技服务业对区域创新能力的空间研究内容，与理论机制相对应，能够形成关于关联机制和空间门槛机制假说更为直观的理解。

第五章为科技服务业发展提升区域创新能力要素配置机制的实证研究。对科技服务业发展与区域创新能力提升的关系进行了理论机制和定性经验分析，首先，选取三个不同维度的指标全面衡量科技服务业的发展情况，并将区域创新能力也分为两个方面进行测度。其次，构建计量经济学模型对科技服务业影响区域创新能力的直接途径进行实证分析。最后，选取京津冀、长三角和珠三角三个城市群进行区域异质性研究，试图找出具有区域特色的影响机制。

第六章为科技服务业发展提升区域创新能力的空间关联机制分析。沿用第五章实证研究的思路，主要运用中介实证模型，验证科技服务业对区域创新能力发展关联机制的存在性。区域经济背景下的关联机制强调对空间关联现象的研究，在空间关联机制得到验证的基础上定量分析了科技服务业发展对区域创新能力提升作用的空间关联机制的作用效应。

第七章为科技服务业发展提升区域创新能力空间门槛机制检验。根据上文理论分析，分别选取知识产权保护、人才流动和市场发育程度作为门槛变量，并选取相应的指标构造面板门槛模型进行实证分析，以此验证本书研究关于"门槛效应"假说的现实合理性。

第八章为主要结论和对策建议。通过总结与梳理全文内容，提出更好的科技服务业对区域创新能力发展起促进作用的对策建议。

第三节 研究方法与技术路线

在研究方法上，本书根据"个体决策—个体间互动—区域关联"的研究逻辑，将科技服务业发展对区域创新能力的提升分为要素配置机制、关联机制和空间门槛机制，并通过经济学模型进行刻画。在理论分析的基础上，结合中国现实情况分析，并运用中介效应模型、空间计量模型、面板门槛模型等计量经济学方法，对理论机制进行检验。根据"文献梳理—理论分析—经验与实证研究—对策建议"的分析逻辑，本研究的整体思路如图1-4所示：

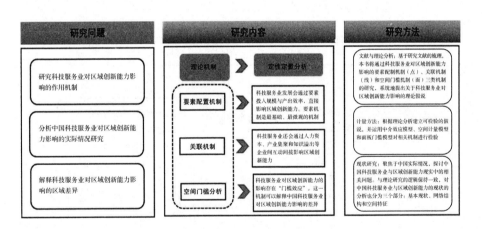

图1-4 研究的思路框架图

基于思路设计，研究的技术路线如图1-5所示：

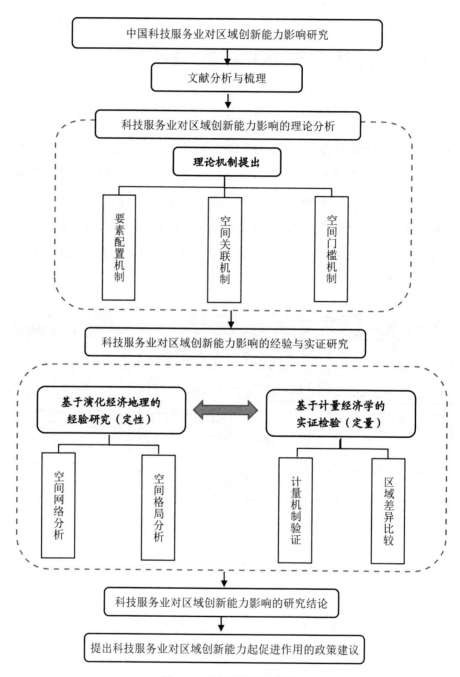

图1-5　研究的技术路线图

第四节 主要创新点及不足

一、主要创新点

针对现有研究的不足与待丰富之处，本书的主要边际创新贡献总结为三点：

第一，科技服务业发展提升区域创新能力内在机制的理论分析框架构建。现有研究广泛地验证了科技服务业发展对区域创新能力的提升作用效果，但是鲜有在"区域经济"视角下对发挥作用的机制进行系统的探索，即系统地回答是怎样的作用机制使得科技服务业发展能够提升区域创新能力，尤其缺乏基于区域经济特征、从微观基础到区域经济联系的整体性理论框架。本书将构建科技服务业对区域创新能力影响的要素配置机制（点）、关联机制（线）和空间门槛机制（面）三类机制的理论研究框架，系统地提出关于科技服务业对区域创新能力影响的理论假说。

第二，融合经济地理学和计量经济学的分析方法。演化经济地理学强调对各类经济变量与空间经济现象变化过程的探讨与分析，这一研究范式较为适合探讨中国科技服务业对区域创新能力影响的空间分布与演变规律。研究在理论分析的基础上，融合运用空间网络、GIS 等经济地理分析技术与计量经济学方法，分别从定性、定量两个角度进行关于科技服务业与区域创新能力的研究，使得研究既重视数据结果，又注重变化过程，以此增强研究视角的全面性。与此同时，本书的融合研究也为从交叉融合学科视角下分析科技服务业发展对区域创新能力提升的作用问题提供了一种创新思路。

第三，关于科技服务业发展影响区域创新能力区域差异性成因的理论阐释。根据中国现状和已有研究的证据表明，中国科技服务业对区域创新能力的影响存在着明显的区域不均衡特征，具体体现为"东部地区核心地位不断强化，其他地区差距逐渐被拉大"的特征，但是关于这一空间现象的成因鲜有具体系统的解释。本书从这一现象入手，通过数理模型的分析提出科技服务业对区域创新能力的影响存在"门槛效应"，即科技服务业对区域（或区域间）创新能力带动作用的发挥受到制度环境、市场发育和人才流动等诸多"门槛"的影响，只有一个地区在这些领域的发展水平达到某一门槛值，其促进作用才能体现。进一步，本书通过经验和实证分析验证了这一假说的合理性，这为分析中国科技服务业影响区域创新能力的区域异质性提供了一个可能的理论解释。

二、不足之处与展望

本书研究科技服务业发展对区域创新能力的影响问题，重点关注影响的直接机制、间接途径和区域差异性，构建理论模型进行推导，提出假说，选取 2003—2018 年中国相关数据进行实证检验，根据研究结论提出有针对性的政策启示。本书虽然已经尽可能地对这一问题进行了深层次的分析，但仍存在以下不足之处：

第一，区域创新能力的多维度衡量。一直以来，区域创新能力作为一个隐性变量，如何对其精准描述与测度一直是一个有争议的问题。本书在理论模型构建中，参考国内外相关文献，以区域创新产出衡量区域创新能力，这从现实经济运行角度来看存在一定的模糊性。从实际经济运行来说，创新产出与创新能力虽然呈现正相关关系，但是必然不是一个代替关系。出于研究的简洁性与重点性，理论模型采用这种代替衡量依然可以得出科学的定性假说，实证分析也为理论模型的推导提供了支持。同时，文献综述部分，国内外有诸多学者采用各种方法构建区域创新能力的衡量指标体系。但是，本书在实证部分选取了几个单一指标衡量区域创新能力，这是由于 2003—2018 年数据的匹配问题，很难获取构建指标体系所需要的数据体量，并且构建指标体系具有一定的主观性，很容易因为指标选取的主观性而影响实证回归的准确性。所以本书只能牺牲部分创新能力衡量的多元性特征，以保证实证分析的准确性。

第二，区域差异性的研究有待进一步丰富。本书选取京津冀、珠三角和长江中下游地区三个国内区域作为样本，说明科技服务业对区域创新能力产生影响的区域差异性，并进行了实证检验。本书选取这三个地区的原因有两点：其一，这三个地区确实是目前中国科技服务业最成熟、在区域经济中占比最大的地区；其二，这三个地区的城市数据最为完善，是数据可得性最强的地区。但是由于数据可得性与调研可行性的问题，我们希望重点研究一些诸如东北地区的科技服务业发展与区域转型，成渝和贵州科技服务业发展与后发地区赶超等问题都没能得到数据支持。在全国各区域模式研究的基础上，本书进一步通过区域间的比较形成一个关于中国科技服务业对区域创新能力影响的全景式研究，这些是本书研究今后继续发力的重要方向之一。

第三，国际重点区域的比较研究有待进一步充实。由于本书的实地调研目前只在国内进行，因此缺乏更为深入的国际与国内重点区域的比较。比如，日本东京城市群与京津冀城市群科技服务业对区域创新能力影响的比较研究，美国底特律地区、日本大阪城市群与中国东北地区科技服务业对区域转型的影响，印度班加罗尔地区与深圳科技服务业的比较，等等。这些区域从目前获取的信息上来看，具有一定的相似性和可比性，区域之间的跨国比较也是研究需要继续深入的领域之一。

第二章

文献综述

本章将对现有研究进行梳理与总结，归纳相关领域现有研究已经取得的进展和不足之处，进而为本书的研究提出借鉴与参考。本书的研究主题是中国科技服务业对区域创新能力的影响，涉及"科技服务业""区域创新能力"两个研究对象和这两个主体之间的关系。基于研究目的，本章第一节首先对"科技服务业"与"区域创新能力"进行严格的学术界定，确保后续的研究建立在明确的学术概念基础上；第二节至第四节分别梳理了区域创新能力、科技服务业发展、科技服务业与区域创新能力关系三个领域的研究文献；第五节对现有相关研究进行了总结与评述，并提出了本书研究的出发点。

第一节　主要概念界定

一、科技服务业

科技服务业是伴随着现代技术发展而来的服务业部门，其较早地被定义为知识密集型产业的一个分支①②，国际研究关于科技服务业的定义存

---

① MILES I, KASTRINOS N, BILDERBEEK R, et al. Knowledge: Intensive Business Services: Users, Carriers and Sources of Innovation [M]. Brussels: European Commission, 1995.

② PUAL V. The Knowledge Continuum-Organizing for Research and Scholarly Communication [J]. Internet Research, 1999, 9 (3): 232-242.

在差异，称呼上也存在差异，例如，"高技术产业""技术服务业""技术、通信与信息产业"等。①②③ 但是这些概念中都包含着"基于技术提供服务"的含义。我国目前可以追寻的最早关于科技服务业的官方表述是1992年国家科学技术委员会印发的《关于加速发展科技咨询、科技信息和技术服务业的意见》。在此文件中，将科技服务业归结为"科学技术"和"信息咨询服务"的混合业态，认为科技服务业可以理解为科学技术在服务领域的应用。此后，人们关于科技服务业的理解出现了两种趋势：一种是广化与泛化科技服务业产业内涵，认为科学技术在服务业领域的应用与产品化都可以理解为广义的科技服务业；另一种将科技服务业精准限定在技术本身，认为只有单纯提供技术支持与技术咨询的行业才可以归为科技服务业。

近些年，随着我国科技尤其是信息技术与互联网技术的发展，出现了很多新兴产业部门与新型业态，均具有高技术水平与提供服务产品的双重特征。国家发展和改革委员会在2013年修订的《产业结构调整指导目录》中，将工业设计、气象服务、新能源、新材料、移动互联网服务、数字化技术、数字技术外包等11种产业门类归为科技服务业，其定义偏向于广义的科技服务业。在国家统计局、国家标准化管理委员会等多部门起草发布，并于2017年修订的《国民经济行业分类》中，并未直接出现"科技服务业"字样，与科技服务业最为相关的是I类"信息传输、软件和信息技术服务业"，包含电信、广播电视和卫星传输服务、互联网和相关服务、

---

① LASI H, FETTKE P, KEMPER H G, et al. Industry 4.0 [J]. Business Information System Engenering, 2014, 6: 239-242.

② LUCAS D S, BENITEZ G B, AYALA N, et al. The expected Contribution of Industry 4.0 Technologies for Industrial Performance [J]. International Journal of Production Economics, 2018, 204: 383-394.

③ WOO C H. Study on Enhancement of Material Technology Competitiveness through NTIS (National Science & Technology Information Service) Data (Display Field) and Material Industry R&D Case Analysis [J]. Journal of the Semiconductor & Display Technology, 2019, 18 (3): 77-81.

软件和信息技术服务业 3 大类 17 小类，以及 M 类"科学研究和技术服务业"，包含研究和试验发展、专业技术服务业、科技推广和应用服务业 3 大类 31 小类，该种定义基本涵盖在《产业结构调整指导目录》内，更加突出"服务业"这一特征，剔除了新材料、新能源等与第二产业关系密切的行业部门。

在国内学术研究方面，王晶等①、郑霞②和李建标③等较早地讨论了科技服务业在中国的定义与产业特征，认为科技服务业是一类将科技创新与科技成果转化为商业服务的一类产业。随后的研究大多延续该含义来定义科技服务业。结合现有研究与最近修订的《国民经济行业分类》中 I 类与 M 类的含义，本书将科技服务业定义为"信息传输、软件和信息技术服务业"和"科学研究和技术服务业"两门类 6 大类共 48 小类，下文中的案例、数据与实证研究就是围绕着这些产业全部或者部分行业展开。这一范围在与现有研究保持一致性与可比性的同时，也反映了中国对科技服务业产业划分的最新标准。

与其他科技产业或者传统服务业相比，科技服务业在资本、人才、空间与政策等层面具有以下特征：（1）资本层面。科技服务业内部的资本密集度呈现出不均匀的分布趋势，相较于科技产业的资本多分布于研发生产部门，服务业的资本多分布在市场营销部门，科技服务业企业的资本通常集中分布于生产链的两端，即研发与市场部门。（2）人才层面。与制造业和服务业需要大量劳动力不同，科技服务业对人才的要求相对较高，但未必需要巨大数量的人力资本，比较科技服务业与传统服务业从业人员数量与平均薪酬，科技服务业"重人力资本投入，高从业人员素质和高平均从

---

① 王晶，谭清美，黄西川. 科技服务业系统功能分析［J］. 科学学与科学技术管理，2006（6）：37-40.

② 郑霞. 若干区域科技服务业发展评述［J］. 科技管理研究，2009，29（5）：209-212.

③ 李建标，汪敏达，任广乾. 北京市科技服务业发展研究：基于产业协同和制度谐振的视角［J］. 科技进步与对策，2011，28（7）：51-56.

业收入"的特征十分明显。（3）空间层面。与其他科技产业规模化集群化、传统服务业分散化的特征不同，科技服务业对空间集聚的要求恰好位于两者之间，除通信设施、气象、卫星等需要大规模基础设施的行业外，科技服务业对空间的需求往往不大，并且由于其对人才、资本的依赖，科技服务业往往在人才资金密集的地区呈现出规模化集约化的特征。（4）政策层面。相较于其他科技产业和传统服务业，科技服务业对政策法律的依赖性较强，尤其是很多需要特种拍照与特殊技术认证的科技服务业企业，在中国具有很强的政策导向性。

二、区域创新能力

区域创新能力的概念构成有两个核心元素——区域和创新能力，在经济学研究领域，这两个概念都是重要的研究范畴。经济学中的区域是指一定的空间系统，该系统不仅包含着地理意义上的空间，还包含自然生态、人口因素、政治制度、社会结构与制度环境等与经济发展和社会环境密切相关的内容。[1][2] 经济学中所述的创新思想发源较早，可以追溯到马克思关于科学技术与生产力发展的相关论断。现代经济学的创新概念由熊彼特[3]提出，注重对新产品、新技术、新工艺、新方法与新管理的创造与运用。在此基础上，有学者将创新能力定义为与上述范畴相关的创造与使用能力。[4]

区域创新能力这一概念并不是区域、创新的简单叠加，区域创新能力这一概念也尚未形成一个统一明确的定义。在国内外经济学研究中，"区域创新能力"这一概念与"区域创新效率""区域创新产出""区域创新

---

① 魏后凯. 现代区域经济学 [M]. 北京：经济管理出版社，2006：29-30.
② 杨忠开. 区域经济学概念、分支与学派 [J]. 经济学动态，2008（1）：55-60.
③ SCHUMPETER J A. Capitalism, Socialism and Democracy：3rd ed. [M]. New York：Harper & Row Press，1950：155.
④ 韩磊. 中国金融资源配置对区域创新能力的影响机制与效应研究 [D]. 沈阳：辽宁大学，2018：212-213.

发展"等概念相近，经常混同使用。①②③ 参考现有文献梳理关于区域创新能力与其他相近概念，结合研究目的，本书将区域创新能力定义为在某个特定的空间单元内，企业、政府、高校科研院所以及其他社会组织，发明、改进与应用新技术新方法，并将其转化为促进区域经济发展动力的能力。这一概念基本包含了之前研究中对创造能力和运用能力的界定，并将其限定在特定的空间范围中，突出了区域创新能力中"区域"的观念。

本书认为，区域创新能力的内涵主要包括：第一，区域创新能力的微观主体。区域创新能力是一个整体性概念，但是实际经济运行中区域创新能力体现在区域企业的研发与转化能力、政府部门的创新政策制定执行能力、科研院所的技术研发与合作活力等主体能力上，这些是构成区域创新能力的微观基础。第二，区域创新能力的宏观表现。区域创新能力最终表现在区域创新产业的产值、专利发明等的产出与转化成果数量、区域内企业R&D投入状况等指标上。科技部等部门2017年联合印发的《国家创新调查制度实施办法》主张从反映企业、研究机构、高等学校等创新主体投入产出以及国家、区域、创新密集区等整体创新能力情况寻找指标对区域创新能力进行测度。第三，区域创新能力发展的内在动力。从经济学角度思考，区域创新能力发展的内因至少包含土地、资本、人才与技术4类要素，现有研究已经对区域创新能力的影响因素进行了深入探讨，这一方面在内容文献综述中将会加以强调，故本节不再赘述。第四，区域创新能力发展的外部环境。除了直接影响创新行为的内在因素外，制度环境、资源潜能、绿色生态与社会文化等因素对区域创新能力都具有深刻的影响，共

①　NELSON R R. National Innovation Systems：A Comparative Analysis［M］. New York：Oxford University Press，1993：13-28.

②　刘顺忠，官建成. 区域创新系统创新绩效的评价［J］. 中国科学管理，2002（1）：75-78.

③　李习保. 中国区域创新能力变迁的实证分析：基于创新系统的观点［J］. 管理世界，2007（12）：18-30，171.

同构成了一个地区创新能力发展的外部环境。

第二节 区域创新能力相关研究

区域创新能力是地区经济实现高质量、可持续发展的重要基础和保障。区域创新能力的提升是以完善的区域创新系统为基础，并且关于区域创新能力的研究最早起源于分析区域创新系统。目前学术界比较公认的区域创新概念是英国学者 Cooke[1] 提到的区域创新系统（regional innovation system）的概念，他认为区域创新系统是由企业、教育机构以及科研机构共同组成的一个体系，并且进一步用实证的方法对区域创新能力进行了研究。Autio[2] 认为区域创新系统是社会发展所必需的系统之一，它由众多子系统构成。Doloreux[3] 则对区域创新系统从两个不同维度进行分析：一个维度是将区域作为一个客观的主体，以特定的政策制度为手段促进参与主体间的相互作用；另一个维度是区域创新的活力，是以企业、科研机构、教育机构等之间的相互合作与作用构成的社会基本体系。Permann 通过分析高等学校等研发机构的产业知识转移过程，对区域创新系统进行了说明。胡志坚[4]等对我国区域创新系统进行定义，认为区域创新系统是一种网络系统，由企业、教育机构和科研机构共同组成，这些机构的相互作用共同促进了创新能力发展和知识的传递。祁明[5]通过案例分析的方法，对

① BRACAYK H, COOKE P, HEIDENREOIH R. Regional Innovation Systems［M］. London：UCL Press，1998：12–18

② AUTIO E. Evaluation of RTD in Regional Systems of Innovation［J］. European Planning Studies，1998，6（2）：98–99.

③ DOLOREUX D. Regional Innovation Systems：A Critical Review［J］. Discussion Papers，2004.

④ 胡志坚，苏靖. 区域创新系统理论的提出与发展［J］. 中国科技论坛，1999（6）：21–24.

⑤ 祁明. 区域创新标杆［M］. 北京：科学出版社，2009：128–130.

世界范围内的区域创新体系建设进行了归纳总结，并提出了适合中国各级地方政府借鉴的创新标杆和创新模式。柳卸林①则通过目的论的角度对区域创新进行了阐释，认为区域创新系统是以促进高科技的诞生和发展为目的，由各个参与主体之间的相互作用构成的网络系统。

　　随后，学者相继将研究对象聚焦在区域创新能力量化测评方面。Lawson②率先将"创新能力"概念在区域的层面展开实证研究。Bargeman 对区域创新能力进行了分解，将其分为资源分配、行业认知、技术前瞻和综合管理。在国内研究方面，甄峰③等较早对中国区域创新能力进行分解，认为区域创新能力能够通过现代科技手段，将知识、技术等要素投入生产并且能够产出新产品的一种能力，并在这一基础概念下根据研究需要构建不同的区域创新能力内涵框架。朱海就④则根据中国的特定环境将区域创新能力分为网络创新能力、企业创新能力和创新环境三个维度，并进行了指标体系的构建。邵云飞⑤等、周文永⑥等和易平涛⑦等认为创新潜力、创新投入、创新产出以及创新环境等是区域创新系统的核心构成要素，各个参与到创新活动的企业机构之间相互学习，将高素质人才不断进行合理分配，最终促进技术的传播和提升，进一步形成区域创新能力。陈琪⑧等基

---

① 柳卸林. 区域创新体系成立的条件和建设的关键因素 [J]. 中国科技论坛，2003（1）：18-22.

② LAWSON C. Towards a Competence Theory of the Region [J]. Cambridge Journal of Economics，1999，23（2）151-166.

③ 甄峰，黄朝永，罗守贵. 区域创新能力评价指标体系研究 [J]. 科学管理研究，2000（6）：5-8.

④ 朱海就. 区域创新能力评估的指标体系研究 [J]. 科研管理，2004（3）：30-35.

⑤ 邵云飞，谭劲松. 区域技术创新能力形成机理探析 [J]. 管理科学学报，2006（4）：1-11.

⑥ 周文永，项洋. 中国各省市区域创新能力关键要素的实证研究 [J]. 科研管理，2015，36（S1）：29-35.

⑦ 易平涛，李伟伟，郭亚军. 基于指标特征分析的区域创新能力评价及实证 [J]. 科研管理，2016，37（S1）：371-378.

⑧ 陈琪，徐东. 区域创新体系的系统结构研究 [J]. 科技进步与对策，2007（8）：45-47.

于复杂系统理论，将区域创新系统总共分成了六大系统，包括知识创新、技术创新、知识与技术应用转化、知识技术流转、投融资和政府调控。这一思路在区域创新能力指标体系构建中被一直沿用。①②③

　　进一步，部分学者试图找出影响区域创新能力的相关因素，其中内生增长理论、国家创新体系理论和国家创新能力理论是最具代表性的理论。美国经济学家保罗·罗默④⑤分别给出了两个最具代表性的内生增长理论模型，认为知识的产生和高技术的研发是推动经济持续增长的根本动力，充分肯定了知识和技术在人类经济社会发展中的重要性，并且强调创新能力和创新意识在区域经济发展中的重大意义。国家创新体系理论认为，在经济社会中对知识的产生和技术的发展起到推动作用的企业、教育机构以及中间组织共同组成国家的创新体系。Lundavall⑥认为国家创新体系是以交互式学习为主要模式的系统体系。Nelson在其著作《国家创新体系：比较分析》中，通过搜集国家创新案例的方法，对国家创新体系进行了制度与经济结构的分析。Cooke⑦进一步将区域创新系统进行了模型构建，提出了包括知识转化和知识生产与传播两个子系统的"双系统模型"，并对区

① 陈艳华. 基于熵权TOPSIS的区域科技创新能力实证研究 [J]. 工业技术经济，2017，36（5）：46-51.

② 赵少飞，赵鑫，陈翔. 基于改进密切值法的区域工业绿色技术创新能力评价 [J]. 工业技术经济，2020，39（7）：152-160.

③ 曹佳蕾，李停. 基于熵权GC-TOPSIS的区域科技创新能力评价与实证 [J]. 统计与决策，2020，36（15）：171-174.

④ ROMER P M. Increasing Returns and Long-Run Growth [J]. The Journal of Political Economy，1986，94（5）：1002-1037.

⑤ ROMER P M. Endogenous Technological Change [J]. Journal of Political Economy，1990，98（5）：S71-S102.

⑥ LUNDAVALL B. National Systems of Innovation：Towards a Theory of Innovation and Interactive Learning [M]. [s. l.]：Pinter Pub Ltd Press，1992：55-56.

⑦ COOKE P. Regional Innovation System：the Role of Governances in the Globalized World [J]. European Urban & Regional Studies，2004，6（2）：187-188.

域创新能力的影响因素进行了分类。Trippl① 则进一步将"双系统模型"扩展到包含五个子系统的模型，包括知识创造、知识扩散、知识应用、知识开发和区域政策。沙文兵②等则就目前区域创新能力的形成机理进行了归纳总结，从区域创新能力的复杂性、开放性、异质性和动态性分析影响因素，认为区域创新能力的形成是一个复杂的体系，不仅依赖与外界环境的相互作用和相互学习，还受地区资源环境的影响制约，并且区域创新能力的形成不是静止不动的，而是一个不断将知识技术转化成生产力或者商品的动态过程。

关于区域创新能力的影响因素分析，国内外学者已经进行了较为全面的研究探讨，我们可以将影响区域创新能力的因素大体概括为外在影响因素和内在影响因素。

一、外在影响因素

Nelson 认为区域创新能力受到四个方面的因素影响：研发经费来源、高等教育机构的作用、经费的合理分配以及区域激励政策。Kokko③ 认为发展中国家通过外商直接投资能获取先进的技术和管理制度，能够显著促进本地区的经济发展和区域创新能力的提升。Takeda④ 研究了日本地区的企业数据，发现区位因素是影响产业间创新活动的主要因素。Buesa⑤ 运用

---

① TRIPPL M, FRANZ T. Developing Biotechonology Clusters in Non-high Technology Regions: The Case of Austria [J]. Industry and Innovation, 2007, 14 (1): 47-67.

② 沙文兵，李莹. 国内外区域创新能力研究评述 [J]. 山东工商学院学报，2018，32 (5): 9-18, 33.

③ KOKKO A. Technology Market Characteristics and Spillovers [J]. Journal of Development Economics, 1994, 43: 279-293.

④ TAKEDA Y, KAJIKAWA Y, SALCATA I. An Analysis of Geographical Agglomeration and Modularized Industrial Networks in a Regional Cluster: a Case Study at Yamagata Prefecture in Japan [J]. Technovation, 2008, 28 (8): 531-539.

⑤ BUESA M. Regional Systems of Innovation and the Knowledge Production Function [J]. Technovation, 2006, 6 (4): 463-472

C-D 生产函数分析发现，国家环境、区域环境、研发环境等是影响区域创新能力的主要因素，姜明辉①等则采用一致方法，应用中国数据验证了该理论在中国的适用性。

在经济全球化背景下，世界各国之间、各区域之间经济联系密切，因此区域间投资、贸易等行为与区域创新能力之间的关系受到学者关注。Wolf 通过实证研究发现，美国的外商直接投资能显著提升本地区的全要素生产率，从而对区域创新能力的提升起到积极作用。Autor②认为进口贸易会对区域创新能力产生影响，美国从其他国家进口商品会抑制美国创新能力的提升。陈劲③等对中国 31 个省（自治区、直辖市）的实证研究发现，外商直接投资对我国创新溢出、技术传播等的促进作用并不明显。鲁钊阳④等从门槛效应分析出发，认为外商直接投资对区域创新能力的影响效果会受到知识产权保护程度的门槛调节作用。陈菲琼⑤等认为区域创新的投入产出能力等会受到外向直接投资的影响。王三兴等，宋大勇、王海龙等，刘焕鹏⑥等学者利用不同数据与方法，研究外商直接投资对区域创新能力的影响。代丽华等⑦的研究则发现，随着区域间的经济联系日益密切，

---

① 姜明辉，贾晓辉. 基于 C-D 生产函数的产业集群对区域创新能力影响机制及实证研究 [J]. 中国软科学，2013（6）：154-161，183.

② AUTOR D, DORN D, HANSON G, SHU P. Foreign Competition and Domestic Innovation：Evidence from U. S. Patents [J]. Social Science ElectronicPublishing，2017.

③ 陈劲，陈钰芬，余芳珍. FDI 对促进我国区域创新能力的影响 [J]. 科研管理，2007（1）：7-13.

④ 鲁钊阳，廖杉杉. FDI 技术溢出与区域创新能力差异的双门槛效应 [J]. 数量经济技术经济研究，2012，29（5）：75-88.

⑤ 陈菲琼，钟芳芳，陈珧. 中国对外直接投资与技术创新研究 [J]. 浙江大学学报（人文社会科学版），2013，43（4）：170-181.

⑥ 刘焕鹏，严太华. OFDI 与国内创新能力关系中的"门限效应"：区域金融发展视角的实证分析 [J]. 科研管理，2015，36（1）：1-7.

⑦ 代丽华，林发勤. 双向 FDI 影响区域创新能力的门槛效应研究：基于知识产权保护的视角 [J]. 中山大学学报（社会科学版），2020，60（4）：171-182.

对外投资对区域创新能力的影响不再是单向的，而是具有双向性的。温晓慧等①以三大沿海经济圈省市面板数据为研究对象，发现该地区的制造类FDI和研发类FDI处于勉强协调阶段，并且我们应当注重二者的协调，才能有效提升区域创新能力。

政府政策也是影响区域创新能力提升的重要外部因素之一。Romano②认为政府能够通过研发补贴促进企业研发活动，从而提升区域创新能力。陈林③等发现政府的创新补贴政策以及出口退税政策能够有效促进区域创新能力的提升。生延超④从技术联盟创新系统角度出发，同样发现创新产品补贴能够对区域创新能力提升起到积极作用。靳巧花等⑤则以知识产权保护为例，验证了政策对区域创新能力与区域间创新溢出关系的影响。沙文兵等⑥运用GMM估计方法检验了OFDI逆向技术溢出效应，发现OFDI的逆向技术溢出效应与行政管理的交互作用能显著提高区域创新能力，殷晓红⑦的研究也得到了类似结论。

二、内在影响因素

世界各国的学者针对本地区的情况，关注区域内各类主体对区域创新

① 温晓慧，查蒙琪，吉生保，等. 外资角色协调与区域创新能力：以三大沿海经济圈为例 [J]. 科技进步与决策，2018，35（18）：57-65.
② ROMANO R E. Aspects of R&D Subsidization [J]. The Quarterly Journal of Economics，1989，104（4）：863-873.
③ 陈林，朱卫平. 出口退税和创新补贴政策效应研究 [J]. 经济研究，2008，43（11）：74-87.
④ 生延超. 创新投入补贴还是创新产品补贴：技术联盟的政府策略选择 [J]. 中国管理科学，2008，16（6）：184-192.
⑤ 靳巧花，严太华. 自主研发与区域创新能力关系研究：基于知识产权保护的动态门限效应 [J]. 科学学与科学技术管理，2017，38（2）：148-157.
⑥ 沙文兵，李莹. OFDI逆向技术溢出、知识管理与区域创新能力 [J]. 世界经济研究，2018（7）：80-94.
⑦ 殷晓红. OFDI逆向技术溢出对东北三省区域创新能力的影响 [J]. 辽宁工业大学学报（社会科学版），2018，20（6）：17-21.

能力的影响，即影响区域创新能力的内在因素。Mohannak[①] 通过收集澳大利亚部分地区的一些高科技产业数据进行实证分析，发现本地创新网络在区域创新能力的提升中占据重要地位。Doloreux[②] 收集加拿大部分地区的数据进行实证分析，认为基础设施、技术转移的效率和高素质人才是影响区域创新能力的主要内在因素。Schiuma[③] 则认为人力资本、关系资本、结构资本和社会资本是主要影响因素。Broekel[④] 对德国97个地区进行实证分析，利用回归分析的方法总共归纳了12大类、70多个影响因素，尤其强调本地基础设施、本土人才培育能力的作用。侯鹏等[⑤] 认为在众多影响区域创新能力的因素中，大学的科研经费投资投入量的影响作用最大。王锐淇等[⑥] 认为以科技研发合作等方式的知识转移的影响作用较为显著。

区域内部的制度环境同样不容忽视。Bracayk[⑦] 认为区域创新能力的提升在很大程度上受到区域内制度的影响，包括研究制度、教育制度和技术

① MOHANNAK K. Innovation Networks and Capability Building in the Australian High-Technology SMEs [J]. European Journal of Innovation Management, 2007, 10 (2): 236-251.

② MULLER E, DOLOREUX D. The Key Dimensions of Knowledge - Intensive Business (KIBS) Analysis: A Decade of Evolution [M]. Working Papers Finns and Region, 2007.

③ SCHIUMA G, LERRO A. Knowledge-Based Dynamics of Regional Development: the Intellectual Capital Innovation Capacity Model [J]. Int. J. of Knowledge - Based Development, 2010, 1 (1/2): 45-47.

④ BROEKEL T, BRENNER T. Regional Factors and Innovativeness: an Empirical Analysis of Four German Industries [J]. The Annals of Regional Science, 2011, 47 (1): 169-194.

⑤ 侯鹏, 刘思明. 内生创新努力、知识溢出与区域创新能力: 中国省级面板数据的实证分析 [J]. 当代经济科学, 2013, 35 (6): 14-24.

⑥ 王锐淇, 张宗益. 区域创新能力影响因素的空间面板数据分析 [J]. 科研管理, 2010, 31 (3): 17-26.

⑦ BRACAYK H-J, COOKE P, HEIDENREICH M. Regional Innovation Systems [M]. London: UCL. Press, 1998: 12-18.

转移制度等。章立军①通过分析中国区域创新能力发展报告发现金融环境对区域创新能力的提升作用较为明显。岳鹄等②通过我国 1997—2007 年 31 个省（自治区、直辖市）的数据研究发现，创新环境的不同是造成区域创新能力差异的主要因素之一，而市场化程度、知识存量等是造成创新环境不同的关键。王鹏等③从相反的角度进行分析，发现侵权现象和国有企业过多会对区域创新能力的提升起到抑制作用。薛永刚④运用空间计量经济学方法分析了研发投入与创新能力的空间相关性，发现"泛珠三角"地区资本投入和人力投入都能够提升该地区的区域创新能力。谢其军等⑤测算中国 31 个省（自治区、直辖市）的知识产权能力，通过实证分析发现区域知识产权综合能力的提升可以显著提高该地区的创新能力。

企业是影响区域创新能力的重要因素。Park⑥通过对韩国区域创新能力进行实证分析，发现以企业为代表的创新主体所形成的集群经济是促进区域创新能力提升的重要因素。Rolf 认为，区域创新能力的研发动力主要来源于企业和政府，企业具有整合相关资源并进行创新产出的能力。Inkinen⑦ 则认为企业盈利能力的提升和创新能力的提升是促进区域创新能力发

① 章立军. 区域创新环境与创新能力的系统性研究：基于省际数据的经验证据 ［J］. 财贸研究，2006（5）：1-9.

② 岳鹄，易露霞. 高校科技成果转化的障碍因素分析与改革思路研究 ［J］. 当代经济，2010（12）：92-94.

③ 王鹏，赵捷. 区域创新环境对创新效率的负面影响研究：基于我国 12 个省份的面板数据 ［J］. 暨南学报（哲学社会科学版），2011，33（5）：40-46.

④ 薛永刚. 1995—2015 年"泛珠三角"区域医药制造业创新能力空间计量分析：基于空间误差分量模型的实证研究 ［J］. 软科学，2018，32（7）：21-24.

⑤ 谢其军，冯楚建，宋伟. 合作网络、知识产权能力与区域自主创新程度：一个有调节的中介模型 ［J］. 科研管理，2019，40（11）：85-94.

⑥ PARK S Y, LEE W. Regional Innovation System Built by local Agencies：an Alternative Model of Regional Development ［R］. Taegu：Paper Presented at the ICGG Taegu 2000 Conference，2000：1-20.

⑦ INKINEN T. Critical Reflections on Regional Competitiveness. Theory，Policy，Practice ［J］. Regional Studies，2010，44（8）：1097-1101.

展的主要途径。Jiao 等①研究发现企业研发投入的增加能够促进区域创新系统的完善，对创新能力的提升有着重要意义。在国内研究中，徐忠明研究发现企业可以通过自主学习新的技术来提升自身的创新能力，从而提升区域整体的创新能力。卢俊等②通过研究中国不同地区企业的所有制性质发现，国有企业对区域创新能力的提升存在着地区差异，对东部地区区域创新能力有着抑制作用，但对西部地区区域创新能力有着促进作用。薛婧等③通过构造一个要素市场扭曲和研发投入竞争的分析框架，运用 2007—2016 年省级面板数据发现企业的研发投入能够显著提升地区的创新能力。朱邦耀等④通过研究中国创业板上市企业发现，创业板上市公司大多位于东部地区，而且创业型企业是造成区域创新能力差异的重要因素。

国内部分学者在对企业与区域创新能力的研究中，关注到了科技服务业企业对区域创新影响的效应。王学军等⑤和李建标等⑥⑦通过研究河北、天津、广东等地区的区域创新能力，发现区域科技服务业资本的积累能够

---

①　JIAO H，ZHOU J，GAO T，et al. The More Interactions the Better? The Moderating Effect of the Interaction Between Local Producers and Users of Knowledge on the Relationship Between R&D Investment and Regional Innovation Systems［J］. Technological Forecasting and Social Change，2016，110：13-20.

②　卢俊，罗能生. 所有制结构对区域创新能力影响的实证研究［J］. 河南农业大学学报，2015，49（2）：276-284.

③　薛婧，张梅青，王静宇. 中国式财政分权与区域创新能力：基于 R&D 边际创新产出及要素市场扭曲的解释框架［J］. 经济问题探索，2018（11）：152-162.

④　朱邦耀，白雪，李国柱，等. 中国创业板上市公司分布时空格局演变［J］. 世界地理研究，2019，28（3）：113-122.

⑤　王学军，陈武. 区域智力资本与区域创新能力的关系：基于湖北省的实证分析［J］. 中国工业经济，2008（9）：25-36.

⑥　李建标，汪敏达，任广乾. 深圳市科技服务业发展研究：基于产业协同演进和制度谐振的视角［J］. 城市观察，2010（3）：163-171.

⑦　李建标，汪敏达. 天津科技服务业发展研究：产业协同和制度谐振的视角［J］. 城市观察，2012（6）：95-104.

明显促进区域创新能力的提升。王宇新等①对我国 31 个省（自治区、直辖市）的数据进行实证研究，发现企业 R&D 经费投入以及人员培养是提升我国区域创新能力最主要的因素。成学真等②通过分析各产业在不同地区的创新能力，发现科技创新型企业的数量以及创新规模是推动地区创新能力提升的主要因素。

三、中国区域创新能力的空间差异研究

区域创新能力是一个区域与空间的概念。在对中国区域创新能力的测度与评价中，国内学者发现中国区域创新能力存在显著的空间不平衡现象。③④ 已有的区域经济学与经济地理学研究发现，中国区域服务业发展呈现出明显的东部领先中、西部，且有东部与其他地区创新能力差距不断拉大的趋势，并形成了以京津冀、珠三角和长三角城市群为主的三大创新增长极。⑤⑥⑦

本书在分析造成区域创新能力差异成因的过程中，认为与创新活动有关的各类要素空间的聚集是造成中国区域创新能力差异的主要因素。陈柳钦⑧

① 王宇新，姚梅. 空间效应下中国省域间技术创新能力影响因素的实证分析 [J]. 科学决策，2015（3）：72-81.
② 成学真，孙吉乐，李灵君. 区域创新能力空间异质性分析 [J]. 统计与决策，2017（19）：53-55.
③ 潘雄锋. 中国区域创新发展时空演化的测度分析 [J]. 大连理工大学学报（社会科学版），2010，31（1）：31-34.
④ 魏守华，禚金吉，何嫄. 区域创新能力的空间分布与变化趋势 [J]. 科研管理，2011，32（4）：152-160.
⑤ 李国平，王春杨. 我国省域创新产出的空间特征和时空演化：基于探索性空间数据分析的实证 [J]. 地理研究，2011（5）：95-106.
⑥ 齐亚伟. 我国区域创新能力的评价及空间分布特征分析 [J]. 工业技术经济，2015，34（4）：84-90.
⑦ 寇小萱，孙艳丽. 基于数据包络分析的我国科技园区创新能力评价：以京津冀、长三角和珠三角地区为例 [J]. 宏观经济研究，2018（1）：114-120.
⑧ 陈柳钦. 产业集群与区域创新体系互动分析 [J]. 重庆大学学报（社会科学版），2005（6）：1-9.

认为产业集群的形成能显著提升区域创新能力，因为产业集群有降低创新成本、促进技术扩散等作用，黄晓治等①同样发现了产业集群的重要作用。齐亚伟等②认为产业集聚效应是造成中国区域创新能力差异的主要因素，因为产业集聚可以优化企业创新环境、提高人力资本等，使得东部地区相对于中、西部地区形成了较好的区域创新生态。芮雪琴等③通过实证分析发现，区域创新能力与人才聚集有着明显的互动关系，创新能力提升能够促进人才聚集，而人才聚集又能进一步提升区域创新能力，东部已经形成了这一良性循环。方远平④、李建⑤、徐鹏杰⑥和苏屹⑦等学者也从人力资本、金融市场、资源环境、政策环境等角度分析了这种区域差异的成因。

第三节　科技服务业发展相关研究

一、科技服务业的特征研究

科技服务业最早起源于西方国家，绝大部分西方学者认为科技服务业

① 黄晓治，曹鑫. 产业集群与区域创新能力提升：基于结构、行为、绩效的分析 [J]. 经济问题探索，2006（12）：31-37.

② 齐亚伟，陶长琪. 环境约束下要素集聚对区域创新能力的影响：基于 GWR 模型的实证分析 [J]. 科研管理，2014，35（9）：17-24.

③ 芮雪琴，李环耐，牛冲槐，等. 科技人才聚集与区域创新能力互动关系实证研究：基于 2001—2010 年省际面板数据 [J]. 科技进步与对策，2014，6（31）：23-28.

④ 方远平，谢蔓. 创新要素的空间分布及其对区域创新产出的影响：基于中国省域的 ESDA-GWR 分析 [J]. 经济地理，2012（9）：8-14.

⑤ 李建，卫平. 民间金融、城市化与创新能力实证 [J]. 中国人口·资源与环境，2015，25（2）：152-159.

⑥ 徐鹏杰，黄少安. 我国区域创新发展能力差异研究：基于政府与市场的视角 [J]. 财经科学，2020（2）：79-91.

⑦ 苏屹，林周周，欧忠辉. 中国省际知识聚合的测度及其对区域创新能力的影响研究 [J]. 管理工程学报，2020，34（5）：62-74.

是知识密集型服务业的典型产业之一，因此在国外的相关研究中通常将科技服务业以知识密集型产业（knowledge-intensive business service）的定义来进行探讨。美国经济学家马克卢普最先提出了知识产业的定义，在其著作《美国的知识生产和分配》中对美国的知识以及知识产业进行了系统分类，并且阐释了不同知识产业的发展特点和规模。他利用众多独创性的定义和理论为后续研究者提供了一个崭新的研究视角，为学者研究知识在经济运行发展中的作用机制奠定了理论基础，同时也为研究知识密集型产业或者科技服务业在现代知识产业的发展作用提供了理论依据。美国经济学家 Bell① 在其著作 *The Coming of Post-industrial Society* 中首次明确了知识密集服务业的概念和内涵，认为未来的社会必将以知识服务产业为主导，还强调了科技在经济社会发展中的重要意义。Milcs② 重新定义了知识密集型服务业的内涵与特征，认为知识服务业是一种中介机构，通过熟练掌握和运用知识为经济社会中的参与者提供产品和服务，知识服务业对推动经济发展有着重要的意义。Moffat 认为知识服务业是一种提供给参与者技术和知识的产业，其对参与者的影响不是直接的，而是间接的。Hauknes③ 提出知识密集型服务业的从业人员是一部分高知群体，这部分人通过自身的知识和技术为企业获取客户，同时为客户提供知识服务或者产品。Muller 认为知识密集型服务业通过运用自身的知识技术，为经济社会中的其他产业提供高附加值的产品或者服务，同时认为客户相关性和强烈交互性是其主

---

① DANIEL BELI. The Coming of Post Industrial Society [M]. New York: American Educational Bookltd, 1974: 88-92.
② MILES I, KASTRINOS N, BILDERBEEK R, HERTOG P D. Knowledge-Intensive Business Services-Users, Carriers and Sources of Innovation [M]. European Innovatio Monitoring System Publication, 1995.
③ HAUKNES J. Services in Innovation-Innovation in Services [M]. SI4S Final report. SI4S Synthesis Paper, 1998.

要特征。Kemppil①、Hipp② 有着相似的理论见解，认为高技术性和高创新性是知识密集型服务业的主要特征。Sundbo③、Lee④ 根据知识产业的特征对其进行了分类，分成了非技术研发型、技术研发型和公共服务型、企业型。随着后续学者的不断研究，国外学术界对科技服务业的内涵特征已经有了一个较为成熟的理论体系。

　　国内对科技服务业的研究起步较晚，国家科技委员会颁布的《关于加速发展科技咨询、科技信息和技术服务业的意见》首次提到了科技服务业这一概念，但是其并没有对该产业做出明确的定义和行业划分。程梅青⑤和杭燕⑥认为科技服务业是第三产业的重要支撑，由众多组织和企业机构构成，在经济社会中扮演着提供科学技术、促进科技进步的重要角色。王永顺⑦对科技服务业的定义类似于国外知识密集型产业，认为科技服务业是运用知识和高技术手段为经济社会中其他组织机构提供高附加值产品和服务的一种产业。蒋永康和梅强⑧有着类似的观点，认为科技服务业是一个提供科技智力支持的新兴产业。秦远建认为科技服务业是一种智力型服

---

① KEMPPIL S, METTANEN P. Innovations in Knowledge Intensive Services ［M］. Sydney：CINet Conference Sydney，2004.

② HIPP C. Knowledge-Intensive Business Services in the New Mode of Knowledge Production ［J］. AI and Society，1999，13：88-106.

③ GALLOUJ F, WEINSTEIN O. Innovation in Services ［J］. Research Policy，1997，26（4-5）：537-556.

④ LEE K R，SHIM S，JEONG B，et al. Knowledge Intensive Service Activities（KISAs）in Korea's Innovation System ［R］. Korea：Science and Technology Policy Institute，2003：106-110.

⑤ 程梅青，杨冬梅，李森成. 天津市科技服务业的现状及发展对策 ［J］. 中国科技论坛，2003（3）：70.

⑥ 杭燕. 苏州市现代服务业的现状及发展对策 ［J］. 市场周刊（理论研究），2006（10）：205-206.

⑦ 王永顺. 加快发展科技服务业提升创新创业服务水平 ［J］. 江苏科技信息，2005（8）：1-2.

⑧ 蒋永康，梅强，李文远. 关于科技服务业内涵和外延的界定 ［J］. 商业时代，2010（6）：111-112.

务业，以科学技术、信息处理为手段向客户提供知识产品和服务。王晶等运用应用系统论、控制论的方法，把科技服务业系统分为了科技信息、科技设施、科技贸易、科技金融和企业孵化器 5 个子系统，并对子系统的功能进行了详尽阐述。吴泗①将科技服务业按照不同角度划分为科技中介服务、专业技术服务、科技交流服务和营利性科技服务、非营利性科技服务、科学研究与实验服务等类别。郑霞、李晶②等分别从服务性质和经济社会角度对科技服务业进行了分类。

二、科技服务业面临的主要问题

国外对科技服务业发展的研究脉络主要从知识、创新和产业集聚三个维度进行展开。Antonelli③认为知识密集型服务业是在经济市场以及社会发展对知识和技术的需求下诞生的。Den Hertog④运用组织知识创造模型对科技服务业目前与产品需求者之间的互动现状进行了分析。Miles 从产权保护的视角对知识密集型产业进行了研究，认为该产业的创新特质可能对知识产权的保护带来一定的影响。Amara 和 Landry 通过对知识产权保护机制的调查研究，提出了一系列手段来应对产权保护问题，从而鼓励企业创新。Wood 最先提出科技服务业可以影响其服务的相关组织机构的创新能力。Muller 和 Zenker 通过实证的方法研究知识密集型服务业对其他中小型企业的影响作用。类似，Larsen⑤对丹麦的知识密集型服务业进行实证分

① 吴泗. 科技服务业发展生态研究 [M]. 北京：光明日报出版社，2012.
② 李晶，黄斌. 科技服务业新分类及发展形势分析 [J]. 企业科技与发展，2011 (23)：8-11.
③ ANTONELLI C. The Microdynamics of Technological Change (Routledge Frontiers of Political Economy) [M]. Routledge，1999.
④ HERTOG D，JONG D. Randstad's Business Model of Innovation：Results from an Exploratory Study in the Temporary Staffing Industry [J]. Innovation，2007，9 (3-4)：62-66.
⑤ LARSEN J N. Knowledge，Human Resources and Social Practice：Knowledge-Intensive Business Service Fine as a Distributed Knowledge System [J]. Serv Ind J，2001，21 (1)：81-102.

析，同样发现该产业对相关领域的创新活力以及国家层面的创新能力有着显著作用。国外学者在研究知识密集型产业的发展过程中，发现区位因素也是影响其发展问题的重要因素。Antonelli 通过调查研究英国地区的知识密集型服务业发现，在其发展的初始阶段，区位因素会影响知识密集型服务业的发展，但是随着科学技术的不断提高，这种影响作用会逐渐减小甚至可以忽略不计。随后，不少学者纷纷提出了不同的理论观点。Koschatzky① 认为区域位置会一直影响知识密集型服务业的发展，区位因素能够制约其功能的发展。Kebble 和 Nachum 通过比较不同发达程度的地区发现，区位因素可以影响知识密集型产业的集聚效应。Yun-Seok② 则研究了韩国的知识密集型服务业的发展现状，提出区域信息整合作用在该产业发展的重要性。

国内学者对科技服务业的现状问题研究较为系统全面③，发现的问题主要包括以市场为导向的体制机制不健全，政府作用造成了制度扭曲导致资源错配，科技服务业本身规模较小、发展不均衡，科技服务业从业人员素质偏低，等等。王树文等认为我国科技服务业发展应当突破瓶颈，从科技管理体制、人才机制等多方面进行创新发展。周志英通过分析我国近几年科技服务业现状发现，我国科技服务业在产业布局、分工等方面都存在问题。陶峻④ 则梳理了我国科技服务业的发展轨迹，构建了一个包括萌芽、成长与协作化、网络化与专业化的三阶段模型，并针对每一个阶段存在的

---

① KOSCHATZKY K, ZENKER A. The Regional Embeddedness of Small Manufacturing and Service Firms: Regional Networking as Knowledge Source for Innovation? [M]. Working Papers Firms and Region R2/1999. ISI, 1999.

② YUN-SEOK L, JAE-SUNG K. The Present Status and Analysis of Science & Technology Information (STI) Service Policy in Korea [J]. Government Information Quarterly, 2008, 26 (3): 101-107.

③ 刁伍钧, 扈文秀, 张建锋. 科技服务业评价指标体系研究: 以陕西省为例 [J]. 科技管理研究, 2015, 35 (4): 41-46.

④ 陶峻. 知识密集型服务企业的成长路径 [J]. 经济管理, 2007 (5): 69-73.

问题进行了分析。魏江等①对我国知识密集型服务业进行了分类与划分，梳理了我国知识密集型服务业存在的问题，并提出了提高知识密集型服务业创新能力和促进我国知识密集型服务业创新与发展的建议与对策。吴泗主要对科技服务业的服务系统性、专业性和收益不确定性等特性进行了系统分析。施卫东等②利用编制的投入产出表以及技术创新扩散模型，对我国科技服务业的发展现状以及技术创新扩散效应进行了详尽的分析，发现科技服务业对我国经济社会的转型升级有着显著的拉动作用。魏作磊通过研究我国珠三角地区的块状经济，发现存在企业创新能力低、过度竞争现象突出、处于国际分工的底端等问题，进一步分析了发展科技服务业的必要性和必然性。王立则对北京地区的科技服务业进行分析，提出要充分发挥科技服务业在区域经济持续增长以及经济转型升级中的重要作用。其他学者对科技服务业在我国的区域性发展也进行了比较系统的分析。张亚翠③以陕西省科技服务业为研究对象进行了实证分析，发现人均总产值、固定资产投资等指标对科技服务业的影响作用较为明显。刘军跃等④则通过分析北京、上海和重庆三个地方的数据发现，重庆地区科技服务业的增长趋势最为显著，还发现科技服务业对每个地区的经济拉动作用都十分明显。代文运用定性分析的方法对北京、上海和武汉三地进行了分析，并提出相应的对策建议。柳卸林⑤比较了北京和上海的科技服务业发展现状，

---

① 魏江，胡胜蓉. 知识密集型服务业创新模式［M］. 北京：科学出版社，2007：74-75.

② 施卫东，朱俊彦. 我国知识密集型服务业产业关联、创新扩散研究［J］. 统计与决策，2010（12）：130-132.

③ 张亚翠. 陕西省知识密集型服务业发展影响因素研究［J］. 中国经贸导刊，2011（11）：81-82.

④ 刘军跃，刘威，钟升，等. 重庆知识密集型服务业发展现状及对策研究：基于北京、上海、重庆三城市的比较分析［J］. 中国集体经济，2011（3）：36-37.

⑤ 柳卸林. 中国区域创新能力的分布与成因分析［J］. 科学学研究，2002（5）：550-556.

提出了北京应实现"错位战略"发展。陈岩峰[①]通过研究广东省的科技服务业发展问题，建立了科技服务业发展政策支持体系来支持科技服务企业可持续发展。

三、科技服务业产业集群

很多学者对科技服务业产业集群的研究主要包括产业集聚理论、科技服务业的产业集聚机理和科技服务业对区域发展的作用三个方面。

不少学者对产业集聚或者产业集群的研究均较为丰富，有着比较系统的理论体系。最早的产业集群理论可以追溯到亚当·斯密和马克思的分工协作理论。亚当·斯密阐述了劳动分工是整个经济社会发展的基础和核心，认为在生产过程中采用分工的模式可以大大提高劳动效率，并且还将分工模式分为企业内分工、企业间分工和产业或社会分工。他对企业间分工的定义和阐述为后续学者进行商业集群研究提供了理论基础。马克思认为分工与协作的生产方式更有效率，这样会促使资本家广泛采取这种生产模式，这种对高生产效率和低生产成本的追求最终促进了产业集群的形成。马歇尔在其著作《经济学原理》中提到了"外部规模经济"一词，指的是由于产业集聚效应使得在该区域内的企业成本下降，同时他将这样的区域称之为"产业区"。他还特别指出在产业区内的信息溢出和知识溢出可以促进产业集群的创新和发展。韦伯在《工业区位论》中从降低生产成本的角度阐释了产业集群的形成原因，他认为企业的聚集可以降低一些功用基础设施的成本，还可以降低企业的生产成本，这样的区位就是最好的区位。法国经济学家佩鲁提出的增长极理论以及奥地利经济学家熊彼特提出的技术创新理论，同样对产业集聚的研究做出了重要贡献。增长极理论认为在一个经济体中存在着"推动性"单位，它们能够带动其他经济参与

---

① 陈岩峰. 促进科技服务业发展政策支持体系研究 [M]. 广州：暨南大学出版社，2011：256-259.

主体的经济增长，而"增长极"就是聚集了许多"推动单位"的区域。技术创新理论则认为创新会倾向于成群发生，并且集中在某些特定部门，而创新的这些性质会诱导技术创新集群现象的发生。国内学者对产业集群的研究大多集中在特定产业上，并对其进行分析，比较有代表性的是钱颖一提出的"栖息地"概念，他认为企业的"栖息地"应当包括开放型的生产结构、人才流动频繁、法律环境较为宽松、容许失败、生活和工作观、外国移民多和完善的金融资本市场等7个要素。

针对科技服务业的产业集聚机理，不少学者也进行了相关研究。Duraton通过研究发现，科技服务业的发展情况受所在城市经济发展水平和人才的影响，其相互作用促进了产业集聚现象。Nicoletta 和 Corroche 通过调查研究意大利地区的科技服务业发现，不同的集群与科技服务业的发展有着显著的相关关系。周艳明等认为科技服务产业是促进企业创新发展的主要推动力，其起到技术创新转化中间组织的作用。蔺雷等[1]也提出了类似的观点，认为应当重视科技服务业的中介作用，并提出了相应的对策建议。付夏莲[2]通过分析广东—独联体国际科技合作案例发现了广州市科技服务业创新联盟的作用机制。陈劲等[3]通过案例分析的方法提出了一种新的模式：知识集聚和质变模式。孟庆敏等[4]则进一步通过建立系统动力学模型分析了科技服务业与制造业之间的作用机制，明确了科技服务业对于制造业的创新推动作用，并提出了相应的对策建议。赵洪涛通过实证分析的方法发现在产业集聚和空间集聚的维度都存在着人力资本的门槛效应。

在科技服务业对产业集群发展作用的研究方面，Wood 研究发现，科

---

① 蔺雷，吴贵生. 服务创新 [M]. 北京：清华大学出版社，2007.

② 付夏莲. 科技服务业创新联盟空间运行机制实证研究 [D]. 广州：广州大学，2013.

③ 陈劲，杨晓惠，郑贤榕，等. 知识集聚：科技服务业产学研战略联盟模式：基于网新集团的案例分析 [J]. 高等工程教育研究，2009（4）：31-36.

④ 孟庆敏，梅强. 科技服务业与制造企业互动创新的机理研究及对策研究 [J]. 中国科技论坛，2011（5）：38-42.

技服务业的发展可以大大促进集群的竞争力，并且能够拉动城市就业等。
Bryson 和 Keeble① 对英国的知识密集型服务业进行了实证分析，发现知识
密集型服务业可以促进当地经济的发展，他们还发现伦敦的知识密集型产
业更加倾向于海外市场。Mueller 通过研究知识密集型服务业对其他企业的
促进作用，同样发现知识密集型服务业能够推动当地的制造业发展，并且
还能有更多的创新资源。Hershberg② 通过研究，分析韩国等亚洲国家和中
国台湾等地区科技服务业现状发现，科技服务业能够运用知识为经济社会
的其他参与者提供知识产品或服务，来推动所在集群的技术进步。张玉
珍③认为科技服务业是产业创新的核心推动者以及知识的创造者和传播者。
高婷婷④、张振刚⑤、李春景等运用定性分析或者定量分析也发现了科技
服务业对制造业创新有着较为明显的推动作用。

四、科技服务业的激励政策研究

科技服务业作为新时代经济转型背景下的支柱产业，世界各国都高度
重视和大力支持。不同类型国家根据自身经济社会基础和科技服务业发展
现状，相继制定法律法规、激励政策保障和引导科技服务业的迅速发展。
各国为了保障科技服务业的健康发展相继签订了许多国际条约，包括《世
界版权公约》《世界知识产权组织版权条约》《成立世界知识产权组织公

---

① BRYSON J R, KEEBLE D, WOOD P. Business Networks, Small Firm Flexibility and Regional Development in UK Business Services [J]. Entrepreneurship and Regional Development, 1993, 5: 265-277.

② HERSHBERG E, NABESHIMA K, YUSUF S. Opening the Ivory Tower to Business: University-Industry Linkages and the Development of Knowledge-Intensive Clusters in Asian Cities [J]. World Development, 2007, 35 (6): 33-37.

③ 张玉珍. 知识密集型服务业在知识创新系统中的功能研究 [J]. 情报杂志, 2006 (10): 129-132.

④ 高婷婷. 广东省科技服务业创新能力评价研究 [J]. 武汉: 华中科技大学, 2010: 91-101.

⑤ 张振刚, 李云健, 陈志明. 科技服务业对区域创新能力提升的影响: 基于珠三角地区的实证研究 [J]. 中国科技论坛, 2013 (12): 45-51.

约》等。一些发达国家也有各自成熟的法律体系，如美国的《联邦技术转移法》《国家技术转让与促进法》《小企业创新发展法》等。随着我国科技服务业的不断发展，国家也出台相应法律法规予以支持，有《中华人民共和国专利法》《信息网络传播权保护条例》《计算机软件保护条例》等。

　　Hauknes① 认为科技服务业在国家创新能力的提升和发展中占据着至关重要的地位，科技服务业是国家创新系统发展的主要推动力，因此需要专门的政策予以保护。Leiponen② 通过收集相关数据进行了实证分析，定量地对科技服务业在国家创新过程中的促进作用进行了分析，并且从产权保护的角度提出了相应的对策建议。Hertog 和 Bilderbeek 收集了荷兰地区科技服务业的相关数据进行计量分析，研究了科技服务业对客户创新的促进作用，最后提出优化科技服务业的知识转化法律来提升客户的创新能力。Freel③ 收集了英国地区 563 个知识密集型企业的相关数据，并将知识密集型服务业与制造业企业的相关关系进行实证分析，提出基于科技服务业特别补贴的建议。Czarnitaki 和 Spielkamp④ 同样研究了知识密集型服务业与制造业的相互作用，他们利用德国知识密集型服务业的数据进行分析，发现了知识服务业与其他企业合作的重要性，包括与竞争者的合作都能促进创新活动。Hauknes 在研究知识服务业与企业和科研机构之间的互动关系时发现，应该重视知识服务业的中介作用，知识密集型产业可以将科研机构的技术转化为生产力或者商品。同时，他还提出知识密集型产业应当大量雇用受过高等教育的高素质人才，使他们从教育政策的角度进行支持。

① PETTERSEN H B, SKODVIN T, SJÖBLOM J. Sedimentation of Monodisperse Magnetic Particles as Studied by Means of Time-Domain Dielectric Spectroscopy [J]. Colloids and Surfaces A: Physicochemical and Engineering Aspects, 1998, 143 (2): 43-46.

② LEIPONEN A. Knowledge Services in the Innovation System [M]. Helsinki: Taloustieto, 2001.

③ FREEL M. Patterns of Technological Innovation in Knowledge-Intensive Business Services [J]. Industry and Innovation, 2006, 13 (3): 335-358.

④ CZARNITZKI D, SPIELKAMP A. Business Services in Germans: Bridges for Innovation [J]. Service Industrial Journal, 2003, 23 (2): 1-30.

在知识产权保护的研究中，Miles 和 Andersen 率先注意到知识产权保护在科技服务业发展过程中的重要性。Amara 和 Bader① 研究了不同的知识产权保护机制来促进知识密集型产业的持续发展。Rajala 和 Westerlund、Farkas 和 Kiraly 则通过数据收集来实证检验知识产权保护在知识密集型产业发展中的重要作用。Kima② 认为对于不同发展阶段的国家应当采取不同的政策，宽松的知识产权保护政策对于特定的国家而言，能促进科技服务业等相关企业的发展。Sweet③ 同样认为，对于发展中国家而言，应当采取宽松的知识产权保护政策来激励企业提高创新能力。

国内相关研究大多从分析科技服务业发展现状入手，讨论现有政策的不足之处，并且提出相应的补充措施。杜振华④认为我国现存的政策制度会在无形中影响该产业的行业门槛，从而影响我国科技服务业的发展。宁凌等⑤通过分析我国科技服务业的发展现状，提出了要改善政府行为措施并按照不同程度对科技服务业进行政策激励，并且强调政策的制定应当因地制宜。陈岩峰等运用四维普适政策体系，从横向、纵向、时序和结构四个方面进行了全面详尽的政策构建。杨勇⑥以广东省为例，提出了应当加快构建科技服务联盟的建议，从而达到提高产业收益、促进科技成果转化

---

① BADER A M. Managing Intellectual Property in Inter-Firm R&D Collaborations in Knowledge-Intensive Industries [J]. Int. J. of Technology Management, 2008, 41 (3/4): 59-65.

② KIMA Y K, LEEB K. Appropriate Intellectual Property Protection and EconomicGrowth in Countries at Different Levels of Development [J]. Research Policy, 2012, 4 (4): 358-375.

③ SWEET C M, ETEROVIC D S. Do Stronger Intellectual Property Rights Increase Innovation? [J]. World Development, 2015 (66): 665-677.

④ 杜振华. 科技服务业发展的制度制约与政策建议 [J]. 宏观经济管理, 2008 (12): 31-33.

⑤ 宁凌, 王建国, 李家道. 三省市科技服务业激励政策比较 [J]. 经营与管理, 2011 (5): 44-48.

⑥ 杨勇. 构建广东科技服务业联盟的对策研究 [J]. 科技管理研究, 2011, 31 (8): 16-19.

等目的。张道宏等通过统计，调查西安的科技服务业企业，对影响西安地区科技服务业发展的因素进行归纳总结，提出了促进西安科技服务业转型发展的对策建议。李志刚[①]通过指标构建的方法对科技服务业的发展现状以及内在潜力进行了评价，提出了应当改善科技服务业发展环境、提高服务业绩效等建议。李晓峰等则对天津市的科技服务业进行分析，找到该地区科技服务业发展的优势与劣势，并提出相应的对策建议。王楠楠通过研究影响科技服务业集聚的影响因素，发现科技水平、政府作用、科技支撑、经济环境等因素在科技服务业发展过程中起到重要作用。李杰中则认为应该从区域综合科技实力、产业聚集水平与关联度、公共服务平台等方面进行政策激励。王安琪[②]和梁琳[③]从创新效率、政策环境和人才吸引等方面入手，系统地对影响科技服务业发展的各类政策因素进行了定量分析。

第四节　科技服务业与区域创新能力关系相关研究

一、科技服务业对区域创新能力的影响效果

科技服务业发展与区域创新能力的提升有着密切关系，一方面，科技服务业企业自身创新能力的提高能够对区域创新能力的提升起到明显的促进作用；另一方面，科技服务业企业有着很强的正外部性，能够通过知识共享、技术支持等途径提高周边企业的技术水平与创新能力，从而提高区

---

① 李志刚，汤书昆. 科技中介服务业建设水平评价指标体系研究 [J]. 科学学与科学技术管理，2004（8）：88-91.

② 王安琪. 河南省科技服务业发展水平实证分析及对策研究 [J]. 经济论坛，2018（5）：83-88.

③ 梁琳. 东北地区高技术产业技术创新效率研究 [D]. 长春：吉林大学，2019：289-298.

域创新能力。大量文献已经证明企业是区域创新系统最主要的组成部分，企业创新能力提升也是促进区域创新能力提升最主要的途径之一。E. Larry Westphal[①] 较早地对区域创新能力进行了研究，认为其由组织能力、适应能力和技术与信息获取能力构成。Burgelman 则认为企业创新能力是由技术创新能力、制造能力、营销能力等组成，并且体现在企业的资源利用能力、战略管理能力、产业演化理解能力等方面。S. M. ShaPiro 认为企业创新能力是由顾客和策略、绩效评估、流程、人员和科技等五大部分组成。Hansen[②] 认为跨国公司能通过母公司与子公司之间的联系提高自身企业创新能力，从而提高区域创新能力。Gallouj[③] 认为科技服务机构可以根据不同消费者的多样化需求来提供不同知识服务或产品，从而提高周边企业的区域创新能力，这些研究都间接地提及了科技服务业对区域创新能力的影响。Setiawan[④] 和 Kim[⑤] 分别通过对日本、韩国、印度尼西亚科技服务业发展与区域经济产值的实证研究，证明了科技服务业发展对区域经济增长的带动作用。Abdullah[⑥] 则发现高技术交易服务的发展可以使区域长期创新与持续提高创新的能力，对永久性提升区域发展潜力有帮助。

随着中国科技服务业的快速发展，中国科技服务业发展对区域创新能

① WESTPHAL L E, RHEEY W, PURSELL G. Soure of Technologieal CaPability in South Korea [M]. Technological Capability in the Third World, 1984: 279-300.

② HANSEN U E, LARSEN T H, BHASIN S, et al. Innovation Capability Building in Subsidiaries of Multinational Companies in Emerging Economies: Insights from the Wind Turbine Industry [J]. Journal of Cleaner Production, 2022, 244: 55-61.

③ GALLOUJ F. Innovation in Services and the Attendant Old and New Myths [J]. The Journal of Socio-Economics, 2002, 31 (2): 62-70.

④ BUDI S A, KAUTSARINA R, SASTROSUBROTO O, et al. Development of the Information and Communication Technology Eervice Industry in Indonesia [J]. Journal of Telecommunications and the Digital Economy, 2017, 5 (3): 50-82.

⑤ KIM H. Service Science: Past, Present, and Future [J]. Journal of Service Science Research, 2019, 11 (2): 117-132.

⑥ ABDULLAH M A. The Sustainable Service Management Factors in High Technology Transport Service Industry [J]. Journal of Advanced Manufacturing Technology, 2018, 12 (1): 101-114.

力的影响效果受到了国内外学者的广泛关注。Zhou①、Ma 和 Xu②、Bai③分别通过理论与实证研究，证明了科技服务业对中国经济增长与产业转型升级的正向作用。Xu 等④特别关注了科技服务业发展和区域创新能力的空间耦合性现象，并通过灰色关联度分析探讨其形成机制。魏江等通过分析国内企业创新水平，提出企业创新能力是一种系统整体能力，是企业的创新决策、研发、生产等能力共同组成的。付晓萍⑤则对企业创新能力进行了分解，认为创新投入能力、研发能力、制造能力、市场营销能力和创新产出能力是组成企业综合创新能力的主要要素。因此，科技服务业能够从自身创新能力提升与促进周边企业创新发展两个方面提高区域创新能力。

在科技服务业集聚发展促进区域创新能力提升的实证研究方面，Kebble 和 Nachum 发现区位因素可以影响知识密集型产业的集聚效应，而产业集聚效应的提高能够显著增强知识密集型产业对区域创新能力的促进作用。张琴⑥对北京、上海、广东和江苏等地科技服务业企业进行实证分析，发现科技服务业的集聚效应可以有效促进地区制造业产业的转型升级，并且还指出地方政府应该出台相应政策措施保证科技服务业的发展，尤其是处

————————————

①　ZHOU Y X. Human Capital, Institutional Quality and Industrial Up-grading: Global Insights from Industrial Data [J]. Economic Change and Restructuring, 2018, 5: 1-27.

②　MA J, XU Y S. The Opportunity-Driven Innovation Catching-Up from China in Engineering and Technical Service Industry [J]. International Journal of Technology Management, 2019, 80 (3-4): 292-318.

③　BAI Y. Human Capital, Industry Structure Upgrading and Economic Growth in China: A Literature Review [J]. International Journal of Business and Mangement, 2020, 15 (8): 59-74.

④　XU L, WANG J X, LI P. The Coupling Mechanism Between Science and Technology Service Industry's Agglomeration and Regional Innovation Capability Development Based on Grey Relational Analysis [J]. Journal of Grey system, 2019, 31 (1): 23-40.

⑤　付晓萍. 对企业创新能力指标评价体系的探讨 [J]. 价格与市场, 2001 (12): 99-105.

⑥　张琴，赵丙奇，郑旭. 科技服务业集聚与制造业升级：机理与实证检验 [J]. 管理世界, 2015 (11): 178-179.

于起步阶段的科技服务业企业，努力营造出健康、和谐的区域创新氛围。张清正[1]同样认为在我国经济实现高质量发展、创新驱动区域发展的关键阶段，科技服务业的集聚发展能够起到很好的促进作用，并指出应该加大地区与地区之间的交流合作，鼓励科技服务业企业发展，提高区域创新能力。李晓龙[2]运用2005—2014年中国省级层面的高新技术企业数据，研究了科技服务业集聚程度对企业创新的影响作用。他认为，科技服务业企业是区域创新系统的关键组成部分，其能够通过外部的技术支撑促进地区制造业的技术进步与转型发展，从而促进区域经济发展和提高其创新能力。徐顽强[3]则利用主成分分析法对中国科技服务业集聚发展的影响因素以及对经济发展的影响进行了分析，认为科技服务业主要凭借其产品无形、知识密集和高附加值的特性对周边企业以及经济社会创新发展起到了关键作用。朱文涛[4]使用空间杜宾模型研究了科技服务业集聚发展对区域创新的影响作用。他主要从本地效应和省际互动效应两个维度进行深入分析，发现科技服务业的发展能显著提高本地区的区域创新能力，但是科技服务业企业的集聚发展能够在一定程度上对临近地区的区域创新能力产生消极影响，这可能是本地区科技服务业发展对周边地区的人才、资本产生了一定的"虹吸"效应。廖晓东[5]测算了中国科技服务业的区位熵，并采用空间基尼系数、行业集中度和区位熵三个指标对中国科技服务业的产业集聚以及对经济创新发展的影响进行了深入研究，并提出明晰政府职能、增加科

① 张清正，李国平. 中国科技服务业集聚发展及影响因素研究［J］. 中国软科学，2015（7）：75-93.
② 李晓龙，冉光和，郑威. 科技服务业空间集聚与企业创新效率提升：来自中国高技术产业的经验证据［J］. 研究与发展管理，2017，29（4）：1-10.
③ 徐顽强，孙正翠，周丽娟. 基于主成分分析法的科技服务业集聚化发展影响因子研究［J］. 科技进步与对策，2016，33（1）：59-63.
④ 朱文涛，顾乃华. 科技服务业集聚是否促进了地区创新：本地效应与省际影响［J］. 中国科技论坛，2017（11）：83-92，98.
⑤ 廖晓东，邱丹逸，林映华. 基于区位熵的中国科技服务业空间集聚测度理论与对策研究［J］. 科技管理研究，2018，38（2）：171-178.

技服务业投入以及提高全民创新意识等政策建议。

二、科技服务业对区域创新能力的影响机制

学者进一步对科技服务业促进地区创新能力提升的作用机制进行了分析论证。赵冬梅①研究了在双创环境下科技服务业发展促进地区经济转型升级的具体机制，研究发现在"大众创业、万众创新"的环境下，科技服务业主要通过动力机制、利益机制和组织协调机制使地区的产业结构升级，从而影响整个地区的创新水平。张振刚则从科技服务业的产业规模、服务水平和信息化程度三个方面实证分析了科技服务业发展对区域创新能力的关键作用。方齐②通过对 67 家科技服务业企业进行问卷调查，并对科技服务业的服务创新过程与服务创新绩效进行了实证分析，认为科技服务业发展应该重视服务创新的概念阶段，应该积极同高等院校等研究机构交流合作，对企业员工进行持续的培训。王吉发③从创新链的角度研究了科技服务业的链式结构与价值实现机理，认为科技服务业有着很强的正外部性，应该受到地方政府的大力扶持与政策倾斜，而且应该加快建设地区技术创新联盟以充分发挥科技服务业企业的带动作用，提高周边企业的创新能力。冯华④通过选取 1991—2013 年中国科技服务业与经济发展数据，构建产业直接贡献率和间接拉动率指标，发现科技服务业的发展能够显著促进地区经济增长，而且主要通过间接途径促进经济发展。他指出，应该充分发挥科技服务业对区域创新能力提升、经济创新发展的积极作用，完善

---

① 赵冬梅，陈前前，吴士健. 双创环境下发展科技服务业助推经济转型升级问题研究：以江苏科技服务业为例 [J]. 科技进步与对策，2016，33（14）：41-46.

② 方齐. 科技服务业服务创新过程与绩效关系实证研究 [J]. 科学学与科学技术管理，2015，36（9）：117-125.

③ 王吉发，敖海燕，陈航. 基于创新链的科技服务业链式结构及价值实现机理研究 [J]. 科技进步与对策，2015，32（15）：59-63.

④ 冯华，王智毓. 我国科技服务业与经济增长关系的实证研究 [J]. 软科学，2018，32（2）：6-10.

科技服务业发展的体制机制。王丽平①主要研究了科技服务业的创新生态系统，从网络互动延伸、模块细化分解、资源集成共享三个方面进行了分析，还从科技服务业创新系统角度对科技服务业发展影响地区创新系统进行了理论分析，指出应该加快科技服务业的创新成果转化，加快区域创新能力提升。

科技服务业的发展还能通过影响其他产业发展提高区域创新能力，促进地区经济创新发展。Wong 和 Singh 通过研究新加坡知识密集型服务业与制造业的相关关系发现，知识密集型产业的创新行为和动力更加明显，并且能够有效带动制造业企业发展。Muller、Zenker 对知识密集型服务业对其他中小型企业的影响作用进行了实证研究，发现知识密集型服务业发展水平越高，对中小型企业的带动作用越明显。Den Hertog 通过组织知识创造模型对科技服务业目前与其他上下游企业的互动关系进行了研究，分析了科技服务业对周边企业的具体带动模式。沈蕾②测算了中国科技服务业与制造业的技术融合度，从技术融合的角度对科技服务业促进地区经济创新发展、产业结构转型升级进行了系统分析，研究发现科技服务业与制造业的技术融合程度能有效地影响地区制造业产业的转型升级，但是这种影响作用并没有体现在该地区第三产业的转型升级上面。梅强运用动力学理论构建了科技服务业与制造业互动创新的系统动力学模型，而且设立相应的参数值进行了仿真模拟，研究发现科技服务业与制造业企业的知识势能都是先缓慢增长，然后快速增长，最后逐渐下降。他提出要加强信息支撑体系的建设，保证科技服务业可以为其他周边企业技术服务。王智新通过灰色关联分析法研究了科技服务业与战略性新兴产业的融合发展模式，发现科技服务业与新型产业融合发展能够通过技术创新、组织优化、市场竞

---

① 王丽平，李菊香，李琼. 科技服务业创新生态系统价值共创模式与协作机制研究 [J]. 科技进步与对策，2017，34（6）：69-74.

② 沈蕾，靳礼伟. 我国科技服务业与制造业技术融合对产业结构升级的影响 [J]. 科技进步与对策，2015，32（8）：67-70.

争与引致消费等途径提高区域创新水平。谢泗薪[1]分析了科技服务业通过与现代产业的联动效应促进地区经济创新发展、提高区域创新能力，科技服务业与现代产业的联动模式主要表现在6个方面：市场导向、双轮驱动、价值创造、动态柔性、二元创新与闭环循环。本书进一步指出应该切实打造科技服务业与现代产业的协同发展体系，促进地区创新发展。

三、科技服务业发展与区域创新能力的区域差异性

与区域创新能力的研究类似，科技服务业发展也存在着区域发展不平衡的问题，其分布格局也与区域创新能力分布格局相类似。[2][3] 现有研究更多地集中于各个地区科技服务业与区域创新能力的具体分析领域。张振刚等和许可[4]通过湖北、珠三角的案例，较早地从实证层面验证了科技服务业对区域创新能力的提升作用，发现科技服务业主要通过知识获取、知识整合、创新来源、创新传递、创新推动等途径促进地区经济的创新发展。袁海红等和方文中等[5]利用企业层面数据较为丰富的北京与上海企业，从企业层面研究科技服务业对创新能力影响的微观机制。李伟民[6]、王海龙[7]和梁琳以东北地区为例，研究了科技服务业的创新驱动效应，通过构

① 谢泗薪，戴雅兰. 经济新常态下科技服务业与现代产业联动模式创新研究 [J]. 科技进步与对策，2016，33（5）：9-15.
② 王成韦，赵炳新. 科技服务产业集聚背景下城市格局时空演变特征及趋势研究 [J]. 科技进步与对策，2019，36（21）：62-70.
③ 张鹏，梁咏琪，杨艳君. 中国科技服务业发展水平评估及区域布局研究 [J]. 科学学研究，2019，37（5）：833-844.
④ 许可，肖德云. 科技服务业创新发展与湖北实证研究 [J]. 科技进步与对策，2013，30（8）：47-52.
⑤ 方文中，罗守贵. 自主研发与技术引进对全要素生产率的影响：来自上海高新技术企业的实证 [J]. 研究与发展管理，2016，28（1）：1-9.
⑥ 李伟民. 东北老工业基地区域技术创新竞争力研究 [D]. 沈阳：辽宁大学，2015：111-118.
⑦ 王海龙，丁堃，沈喜玲. 科技服务业创新驱动效应研究：以辽宁投入产出表为例 [J]. 科技进步与对策，2016，33（15）：38-43.

建科技服务业创新驱动效应的指标评价体系，测算了东北科技服务业创新驱动效应，发现东北科技服务业发展对经济创新发展的创新作用较小，应当制定区域创新驱动发展战略，支持科技服务业企业发展，从而带动东北地区的经济转型与创新发展。

第五节　小结

上述国内外学者对区域创新能力和科技服务业发展的研究，为本书的研究提供了良好的理论基础，也提供了比较全面的参考借鉴。在区域创新能力方面，学者从其内涵概念、形成机理、影响因素和区域差异等角度分别进行了理论研究和实证研究。区域创新系统是由企业、教育机构以及科研机构共同组成的一个体系，知识和技术是提高区域创新能力的关键所在。在科技服务业方面，学者们对其内涵定义、发展机制以及现存问题都进行了系统研究，提出科学客观的理论框架和模型。在科技服务业与区域创新能力方面，学者主要从科技服务业对区域创新能力的促进效果、科技服务业与周边产业融合发展以及区域差异性等方面对二者之间的联系进行了系统分析。

我们通过对已有文献的阅读发现现有研究仍存在以下不足：第一，科技服务业对区域创新能力的正向影响已经得到了来自经验与数据的多方验证，但是尚未形成在同一框架下对影响机制的系统探索，尤其缺乏在一个系统的理论框架下，解释这种正向影响为什么会产生以及怎样产生。第二，相关研究已经开始关注中国区域创新能力、科技服务业发展以及二者关系的区域差异问题，但是对二者关系的区域差异问题研究多集中于具体地区，缺乏从整体层面关于科技服务业发展与区域创新能力关系空间分布与演化的研究。第三，尽管现有研究已经发现了技术水平提升、人力资本积累等一些作用机制，但是相关机制分析较为分散，特别是缺乏专门理论框架下的结构性实证检验和区域量化研究。

本书在现有研究的基础上，有必要建立一个系统的研究框架对科技服务业影响区域创新能力的作用机制进行研究分析，以便为我国科技服务业和区域创新能力相关问题提供理论依据和现实思考。

第三章

科技服务业发展提升区域创新能力作用机制研究

如前所述，国内外学者的研究都关注了科技服务业发展对区域创新能力的影响，也提出了一些具体的影响机制。在"区域经济"这一特殊的单元下，除了已有研究提及的影响机制外，科技服务业发展对创新能力影响机制的分析需要特别回答三个问题：首先，科技服务业对区域创新能力影响基础的微观机制是什么？其次，区域内存在着诸多相互关联的产业，科技服务业是否会通过各个产业之间的分工影响区域创新能力以及这种影响的作用效果如何？最后，科技服务业对区域创新能力的影响是否存在着跨区域的关联，科技服务业对区域创新能力的影响的空间关系是怎样的？

为此，我们需要构建一个理论框架，从微观基础、区域内联系和区域间联系三个维度，分别分析科技服务业发展提升区域创新能力的作用机制。本书将通过科技服务业对区域创新能力影响的要素配置机制（点）、空间关联机制（线）和空间门槛机制（面）三类机制的研究，系统地提出关于科技服务业对区域创新能力影响的理论假说。这三类机制存在着"企业—企业间（产业）—区域"逐层递进的关系：要素配置机制是科技服务业对区域创新能力影响的基础机制；基于各企业在生产过程中结成的社会化生产分工联系，科技服务业发展能够通过人力资本、产业集聚和知识溢出等方式，并通过企业间的空间关联影响区域创新能力；随着科技服务业与区域内外企业的联系，科技服务业发展最终会对区域创新能力的空间格局产生影响，空间门槛机制解释了科技服务业对区域间创新能力差异产生影响的理论机制。理论机制分析整体逻辑如图 3-1 所示。本章的分析将为下文的定性与定量研究提供理论依据与待检验的假说。

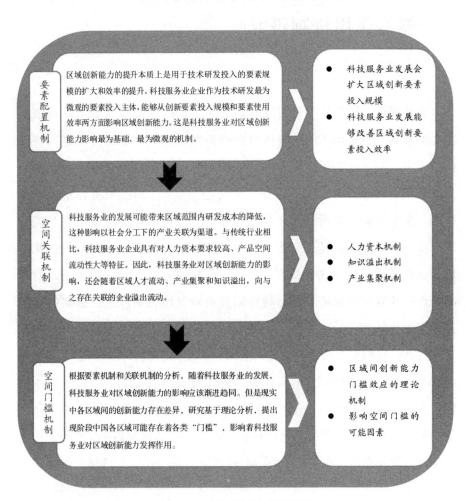

图 3-1 理论分析的总体逻辑

第一节 要素配置机制

一、理论基础

科技服务业对区域创新能力产生影响的本质是技术进步。现代经济增长理论认为，全要素生产率是经济增长的重要源泉之一。在国内外分析创新与技术进步的经济增长研究中，创新一般表示为全要素生产率参数的变化。区域创新能力与全要素生产率关系密切。已有研究表明，改革开放以来，区域全要素的生产率在提升中，技术进步贡献占比最大。技术进步是区域创新能力的重要体现，因此，科技服务业对区域创新能力的直接促进作用表现在科技服务业能够带动区域全要素生产率直接提升上。本书的研究认为，科技服务业的发展对全要素生产率提升的收益效应，不仅仅体现在科技服务业企业的成长能够增强区域的技术研发能力以及直接提升技术产出上，还体现在科技服务业企业的发展可能具有优化区域资源配置的作用上。

第一，科技服务业企业成长会直接增加区域技术要素供给与改善区域技术水平。科技服务业发展使得大量高技术主体诞生，会提高区域整体的绝对技术水平，一些后发地区科技服务业的高速发展也实现了科技服务业相对位次的提升。总而言之，科技服务业作为区域技术的直接供给部门，其发展可能从数量与质量上带来区域技术改变与创新能力提升。从这一角度来说，科技服务业企业发展对区域创新能力的提升会产生正向影响。

第二，科技服务业发展还能起到优化区域资源配置的作用。一方面，相较于传统行业的换代缓慢，科技服务业属于"新陈代谢"较快的行业。科技服务业发展使得高技术企业在短期内取得市场垄断地位，进而加速各类要素流向高技术主体。长此以往，行业平均技术水平提升，落后于市场技术水平的企业会逐步淘汰。高技术水平企业的进入与落后技术水平企业的退出，实现了科技服务业企业间的要素优化配置，进而有利于区域整体全要素生产率的提升。另一方面，科技服务业作为生产性服务业，在市场价格的引导下会发展为区域内盈利能力强、更富有效率活力的行业，进而加速新兴行业的崛起与夕阳行业的淘汰（如互联网加速了现代物流业的崛起与传统商贸业的退出），有利于实现产业结构的高级化。

二、理论模型

在具体机制分析的基础上，本节将构建一个反映科技服务业企业与区域创新能力之间关系的数理模型，进而从理论上分析科技服务业是如何影响区域创新能力进而对区域经济发展产生作用的。另外，提升区域创新能力的直接目的是实现区域经济增长，从模型的可度量性和区域经济增长的现实意义出发，目前的理论与实证研究多采用区域产出作为区域创新能力的衡量变量，通过"区域创新能力—技术进步—区域创新产出增加"这一思路反映区域创新能力的发展状况。根据现有研究基础，本书建立了一个包含技术进步与异质性企业的经济增长模型，研究探讨科技服务业对区域创新能力的影响。

三、基本假设

（一）企业主体

假设区域内存在两类具有无限生命周期的异质性企业，科技服务业企业（a）与其他企业（b），科技服务业企业占区域内生产单位总数的比例为 n，则区域内其他企业主体所占的份额为（1-n）。每一类主体中的单个企业拥有资本的数量是相等的（之后将放宽这一假定以反映产业特征），即每个科技服务业企业拥有资本的数量是 $1/n$，每家非科技服务业企业拥有的资本数量是 $1/（1-n）$。假设生产中只有一种复合资本 k（包含除技术要素外的其他要素，如土地、资金、劳动力等），且假设区域内所有企业主体拥有的复合资本是同质的，只存在数量上的差异。同时假设复合资本数量最小值为 1，可以视为进入市场所需的最低资本条件。科技服务业属于新兴产业，为反映科技服务业从无到有的发展过程对区域创新能力的影响，假设在初始条件（t=0）时，每一家非科技服务业企业主体拥有的数量与质量相同的单位资本份额，通过初始条件的相同来分析科技服务业对区域创新能力与创新产出的独特作用。

$$1 = k_0^a = k_0^b \tag{3-1}$$

（二）技术水平

区域内两类企业的技术水平存在差异，科技服务业主体企业的技术平均水平为 A，其余其他企业的平均技术水平为 B。假设投入两部门的资本量分别为 K1、K2，区域创新产出是其生产投入复合资本的线性函数，分别为 Y1、Y2，区域内的总创新产出为 Y，则区域创新产出与资本总量可以表示如式 3-2 和式 3-3：

$$Y_t = Y_t^1 + Y_t^2 = A K_t^1 + B K_t^2 \tag{3-2}$$

$$K_t = K_t^1 + K_t^2 = \int k_t^i di(i = a,\ b) \tag{3-3}$$

科技服务业企业的特殊性在于，行业进入具有一定的资金、技术和政策门槛，因此在区域内资本不能在两类企业中任意转化。这一假设与现实情况比较贴近：第一，科技服务业企业一般对研发与市场运营的要求较高。一般企业都需要在企业发展初期经历战略性亏损，因此对资本的要求很高，这也是创投基金出现的重要原因。第二，科技服务业企业的核心仍然是技术。在调研中发现，科技服务业企业的创业团队往往具有研究机构、高校等技术研发主体背景，这也是技术门槛假设的现实来源。第三，一些科技服务业企业，如地理信息、通信技术和金融科技等，由于涉及国家机密和社会稳定，因此一些企业需要国家的特殊许可与审批，这是科技服务业企业投资的政策门槛。

四、企业决策行为

探讨科技服务业投资的微观基础。假设企业经营者将其每期的收入（y_t）用于消费（c_t）与对下一期资本的追加投资（ht+1）。但如上述，由于科技服务业投资中存在门槛限制，只有当投资达到科技服务业经营所需的最低要求（标准化为 1）时，投资才会为企业经营主体创造额外效用，主体才会向科技服务业形成有效投资。因此，企业经营者的投资决策行为可以描述成一个条件最优化问题：

$$\max u_t^i(c_t^i, h_{t+1}^i) = \begin{cases} (c_t^i)^{1-\beta} (h_{t+1}^i)^{\beta}(h \geqslant 1) \\ (c_t^i)^{1-\beta}(h < 1) \end{cases} \quad \beta \epsilon(0, 1) \quad (3-4)$$

$$s.t. \ y_t^i = c_t^i + h_{t+1}^i \quad (3-5)$$

根据最优化问题的一阶条件，可以得到科技服务业生产者的最优投资决策方程：

$$h_{t+1}^i = \beta y_t^i(\beta y_t^i > 1) \quad (3-6)$$

$$h_{t+1}^i = 0(\beta y_t^i \leqslant 1) \quad (3-7)$$

式 3-6 与式 3-7 表明，一旦初始值给定，企业经营者会按照利润最大化目标调整自己的投资行为，这种行为在既定的科技服务业进入门槛下由市场自发决定。假设每期企业经营主体的追加投资能够按照一定的生产函数规则转化为企业资本（本模型假定为指数型），且企业经营发展所需的最低资本份额为上文中标准化的 1 单位，那么企业的资本积累方程可以由式 3-8 给出（式中参数满足ρ>1，0<r<1，以保证理论上均衡的增长路径可能存在）：

$$k_{t+1}^i = \max\{1; \ \rho (h_{t+1}^i)^r\} \quad (3-8)$$

整个区域科技服务业与区域创新能力发展的动态过程可以由式 3-1 至式 3-8 给出，可以总结性地描述为区域内的企业可以划分为科技服务业与非科技服务业两类，其除了拥有初始资本数量与技术水平之外并无其他差异。因而，科技服务业发展促进区域创新能力提升可以抽象为一个在区域限制条件下的动态最优化过程。

五、数理模型分析

根据上述模型，运用隐函数定理，可以写出关于 t 期区域创新产出函数（式 3-9）。可发现各类企业的技术水平、追加投资以及两类企业的占比是影响区域创新产出的核心因素。第一小节中的直接和间接机制则可以通过式 3-9 中各变量的变化进行描述。

$$Y_t = F[A, \ B, \ K_t^i(k_t^a, \ k_t^b, \ h_{t-1}^a, \ h_{t-1}^b, \ n)] \tag{3-9}$$

直接机制可以通过代表科技服务业技术水平的参数 A 的变化进行刻画。生产函数的一般性质认为，技术水平是产出的单调增函数，科技服务业也是如此（如式 3-10、式 3-11）。因此，理论假说认为科技服务业发展的规模效应会直接通过提升科技服务业企业全要素生产率，降低研发成本促进技术研发，带来参数 A 的提升，进而提升区域内的创新产出。

$$\frac{\partial Y_t}{\partial A} > 0 \tag{3-10}$$

但是关于科技服务业通过改变资源配置效应，其对区域创新能力与全要素生产率的影响方向可能是不确定的（式 3-9 中总产出关于 k_t^a 的求导未必总是正的），比如说来自中国产业结构高级化与合理化的相互关系。科技服务业发展是一个产业结构高级化的过程。但是，科技服务业在促进产业结构高级化的同时，可能损害产业结构的合理化，如互联网金融业的过度膨胀可能损害实体经济的发展。科技服务业发展初期其效率并不一定高于本地区其他部门，因此其吸纳的要素越多，反而会对区域资源配置产生负面影响。但是随着科技服务业行业的发展成熟，效率提高，其对区域全要素生产率水平能够起到促进作用。至于现实中何种假说与现实情况更相符，则需要实证研究进行检验。

第二节 空间关联机制

一、理论基础

与要素层面的机制强调个体（企业）不同，科技服务业会在其所处的社会分工网络中进行经济活动，其个体之间的经济联系也是科技服务业影响区域创新能力的重要机制。这一观点来自"创新分工"与"企业学习能力"相关理论。

第一，科技服务业通过创新分工会给区域内其他企业研发成本带来变化。随着市场分工的不断深化与信息流动效率的提高，寻求外部技术已经成为公司创新的普遍行为。市场上出现了"创新分工"的新现象，所谓创新分工，是指企业打破原有自主研发与内部创新的范式，采用资助公共研究、采购研发活动、联合同业企业共同技术攻关等方式进行创新。在进行创新经济理论研究时，我们如果仅仅将自主研发（内源性创新）作为企业创新行为的描述，缺乏准确性。研究认为，科技服务业具有专业化水平高、人员构成平均素质高和市场化激励效率高的特点，可能替代某些企业本身研发部门的职能，进而可能会降低企业的研发成本。

但是分工并不一定会带来企业研发成本的降低，其还取决于市场状况。已有研究表明，经济创新可以分为两类：一类是技术研发创新；一类是将技术转化为新产品的创新。一家企业不可能同时具备这两种创新的比较优势。根据这一思路，我们可以从企业的成本收益角度分析科技服务业发展是否会通过创新分工降低研发成本。由于企业不可能同时具有研究者和创新者的比较优势，独立自主研发的边际成本是上升的。如图 3-2 所示，按照边际收益等于边际成本这一基本假设，企业的研发产出是 Q_2 所代表的研发产出。由于外部发明引入的可能性，企业存在以固定不变的边际成本 MC＝w 的机会进行研发活动。但是这种外包是存在高效（Q_1）与低效（Q_3）之分的，高效率的外包将提升企业的研发利润，而低效率的外包则造成了企业研发支出的浪费。研究认为影响企业是否会将技术分工给科技服务业的因素主要有三点：其一，技术交易成本，即专利由发明者转向创新者过程中产生的成本。其二，侵权风险成本，是指技术发明发生泄露为企业带来的潜在损失。其三，搜寻成本，发明者与创新者寻找彼此匹配需要的时间和机遇，这一部分可以称为搜寻成本。

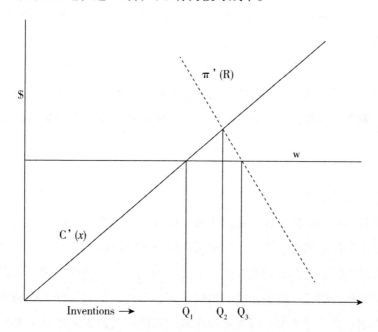

图 3-2 包含创新分工的企业研发成本收益分析

第二，科技服务业发展会提升区域内其他企业学习新技术的能力。一般而言，科技服务业等高新技术产业会产生知识的外溢效应，间接带来区域内技术水平的提升。传统的外部性理论让企业受到公共知识的影响是被动的、不需要成本的，或者认为企业吸收外部知识的成本相对于自主研发很小，可以忽略不计。但是实证研究表明，技术接收端企业利用相同水平的外溢技术的成本与速率存在差异，这是受企业学习能力的影响。因此，企业学习能力是影响研发成本的重要因素。科技服务业影响企业学习能力的可能渠道有四个：（1）自主研发能力越强的企业往往具备更强的技术学习与吸收能力，而科技服务业企业通过区域内的流动加入其他企业的研发部门，这样往往会增强该企业的自主研发能力与学习能力。（2）科技服务业包括市场主体，非营利性科技服务业主体的发展也会带动区域内其他企业学习能力的提升。例如，企业通过大学的基础研发、员工接受的良好教育、设备供应商的技术改进等提升企业的学习能力，进而降低研发成本。（3）企业间互相投资。科技服务业企业与其他企业的互相投资，实际上就是一种企业技术、管理和文化观念互相学习的过程，因此两类互相投资也会增加双方的学习能力。（4）信息扩散。一些带有沟通与社交性质的科技服务业，如通信服务业、网络社交平台或科技信息咨询行业，会加速区域内信息的流通传递，提升信息扩散效率，使接受信息的企业学习能力得到提升。

二、作用渠道

在现实中，科技服务业企业在人才培育、资本投入以及与区域集群内的企业产生联系的过程中，通过企业间分工联系的方式（如合作、交易、竞争等经济活动）间接性地促成人力资本的积累、产业的集聚和知识的溢出，进而从长期为区域创新能力的提升创造条件，这就是分工机制的现实具体作用渠道。参考关于制造业和区域创新的相关研究，本书主要提出了三种关联机制的作用渠道：人力资本积累、产业集聚和知识溢出。

（一）人力资本积累

已有多项研究表明，人力资本积累无论是从创新效率还是从创新产出角度衡量，都对区域创新能力具有显著的正向影响，而且这种研究在新兴产业与新发展地区的影响更为显著。本书认为，科技服务业的发展会加速区域内人力资本深化的过程，主要通过提升培育来提升人才技能、吸引人才聚集以及其他一些渠道实现人力资本的积累，进而增强区域创新能力。

第一，与其他行业相比，科技服务业更可能提升从业者的技能水平与创新意识，有利于创新人力资本的形成。科技服务业主要从事技术研发、专业设备操作以及相关的技术服务工作，员工在工作过程中直接与高新技术接触。根据"干中学"理论，员工在从事研发工作的过程中会逐步提升自身的专业研发能力，从而实现人力资本质量的提升。此外，科技服务业，尤其是研发行业一般需要员工从事具有一定创造性的工作，创新型人才的相互交流也可能提高从业人员的创新能力。

第二，科技服务业人员平均薪资水平较高，因此科技服务业的发展可能形成更高的地区工资水平。根据国家统计局、人力资源和社会保障部公布的2018年城镇就业人员平均工资，发现无论是非私营企业还是私营企业，信息传输、软件和信息技术服务业、科学研究和技术服务业的工资水平分别以147678元、76326元、123343元和61876元位于各行业前列，且非私营企业的科技服务业就业人员工资增速为14.4%，高于各行业平均水平的11%，科技服务业薪资水平对人才吸引力巨大（如表3-1所示）。因此，若一个区域内拥有更多科技服务业企业，其区域工资水平可能会提高，从而增强对高端人才的吸引作用，加快该地区人力资本质量的提升速度。

表3-1 2017—2018年城镇就业人员分行业平均工资水平

行业	非私营单位			私营单位		
	2017年（元）	2018年（元）	增速（%）	2017年（元）	2018年（元）	增速（%）
信息传输、软件和信息技术服务业	133150	147678	10.9	70415	76326	8.4

行业	非私营单位			私营单位		
	2017年（元）	2018年（元）	增速（%）	2017年（元）	2018年（元）	增速（%）
金融业	122851	129837	5.7	52289	62943	20.4
科学研究和技术服务业	107815	123343	14.4	58102	61876	6.5
电力、热力、燃气及水生产和供应业	90348	100162	10.9	44991	49275	9.5
文化、体育和娱乐业	87803	98621	12.3	41201	44592	8.2
卫生和社会工作	89648	98118	9.4	47296	52343	10.7
教育	83412	92383	10.8	43263	46228	6.9
交通运输、仓储和邮政业	80225	89380	11.4	45852	50547	10.2
采矿业	69500	81429	17.2	34272	36375	6.1
批发和零售业	71201	80551	13.1	42359	45177	6.7
房地产业	69277	75281	8.7	48025	51393	7
制造业	64452	72088	11.8	41236	44096	6.9
建筑业	55568	60501	8.9	41510	44239	6.6
居民服务、修理和其他服务业	50552	55343	9.5	38417	41058	6.9
住宿和餐饮业	45751	48260	5.5	36886	39632	7.4
农、林、牧、渔业	36504	36466	-0.1	45761	49575	8.3

资料来源：国家统计局官方网站，人力资源和社会保障部官方网站。

第三，其他渠道。从需求端来说，科技服务业客观上对人才质量有更大的需求，能够为本地区高水平人才提供就业机会，对防止高端人才外流具有一定的作用。此外，人员相互交流产生创新灵感、区域人员整体素质提升的社会效益和改变区域文化等，也可能是科技服务业通过人力资本积累促进区域创新能力提升的途径。

（二）产业集聚

人们关于产业集聚对区域创新能力的作用结果存在一定的争议。熊彼特较早提出了有关产业集聚与创新之间关系的假说，认为企业联合可以提升市场力量以降低市场的不确定性，并为企业研发提供充足的现金，有利于高风险的创新活动开展，这是较早的关于产业集聚与创新的探讨。然而之后在案例总结的基础上，有学者提出集聚与创新产生的垄断会让企业陷入懒惰，降低创新效率，因此产业集聚对创新应该呈现出先促进后抑制的"倒 U 形"作用。与此同时，不同行业之间产业集中程度差异巨大，产业集聚与创新之间的关系假说是否适用于所有行业这也是一个问题。关于此问题的一项较受认可的研究成果是 2018 年"引文桂冠奖"得主 Cohen 研究团队的成果。该团队利用一项针对 130 多个行业企业技术主管的微观调查数据，通过实证研究验证了产业集中度对技术研发具有先促进后抑制的"倒 U 形"作用，并且设计了反映产业发展阶段、知识溢出和外源性创新的变量，说明产业集中程度促进创新产出与技术发展的作用机制。国内学者针对中国数据也进行了相关实证研究，研究结论可以归结为以下两条：第一，科技服务业集聚本身会对区域创新能力产生促进作用，该作用在直接作用渠道中已经进行了解释，故不赘述。第二，产业集聚或者产业集群的发展确实对中国创新能力的提升具有正面影响。

与以上研究关注的重点不同，本节重点关注关于科技服务业通过促进产业集聚进而推动区域创新能力提升的间接作用，在已有的研究中尚不多见，这也是本节希望重点分析的机制。科技服务业的发展是否会促进产业集聚，研究从理论机制上认为可能存在促进集聚与产生分散两种作用：一方面，科技服务业的发展会为需要技术与服务的企业提供便利，而且为与该技术相关的其他企业提供员工，因此科技服务业的发展可能会促进产业的集聚，进而提升区域的创新能力。另一方面，由于研发活动的特殊性，其并不一定需要地理上的临近性，有些企业为了寻找研发成本较低的地区，往往选择另建新工厂或另设研发中心，因此科技服务业的发展可能会降低本地区的产业聚集程度。

研究认为，在这两种作用都存在的情况下，集聚或是分散的力量产生的主导作用取决于行业的性质。引入经济地理学中"核心—边缘"理论，若以科技服务业本身作为核心产业，那么相关产业可以分为两类：一类是如金融、房地产和教育等直接为科技发展提供支持或者辅助的行业；另一类是对科技服务业形成直接需求的边缘或者外围型产业部门，如各类制造业等。我们通过一些经验观察发现，科技服务业发展可能会促进与其有较强服务或者支撑性关系企业的集聚，如科技服务业发展可能会吸引更多投资机构，促进金融业的集聚（如中关村附近风投行业的集聚）。但是如制造业等迁移成本较大、地理联系不强的外围型产业，科技服务业可能并不是此类集群产生与演化的主要因素，甚至可能由于研发外包和区域间贸易而产生产业分散，这一现象在全球化的制造业体系中非常明显。关于中国科技服务业、产业集聚与创新能力之间的关系，我们将在之后的实证研究中加以检验。

（三）知识溢出

与科技服务业知识创造过程相伴的是科技服务业知识溢出的过程，已有多项研究证明了研发活动可以通过知识溢出实现区域创新能力的提升。本书的研究认为，目前在科技服务业各种溢出作用的表现中差异最大的是溢出对象行业与溢出的主动性，按照这两个维度分类，可以划分四种类型的知识溢出：根据产业组织理论关于外部性的标准，我们对本行业的外部性称之为马歇尔外部性，对其他行业的外部性称之为雅各布外部性；同时，按照知识溢出是否为企业主动发挥其外部性，可以分为主动知识溢出与被动知识溢出。表 3-2 分别列出了四种知识溢出发挥作用的表现。

表 3-2　四种知识溢出的具体表现

	马歇尔溢出	雅各布溢出
主动溢出	合作研发、创新分工	技术外包、委托研发
被动溢出	同业竞争、人才争夺	模仿式创新

第一，马歇尔主动溢出。随着技术研发与应用的日益复杂，单个企业有时很难完成一项技术的研究，因此合作研发与创新分工成为越来越普遍的现象。区域内科技服务业企业在面临一项重大技术问题时，很可能会选择行业内技术结构相近的企业进行联合攻关与技术共享，这种情况在科技服务业呈现寡头的行业中更可能出现，如一些通信企业共同沟通技术信息制定行业标准的行为，就是典型的马歇尔（行业内）主动溢出。第二，马歇尔被动溢出。行业内被动溢出是科技服务业行业内竞争的常见现象，虽然大多数科技服务业企业都与员工签订过保密协议，但是实际上一般很难阻止人员流动、非正式组织等难以被度量的隐性知识溢出。已有研究表明，保密协议与专利等阻止溢出的措施，并非总是有利于区域整体创新能力的提升，其对区域创新能力呈现出先抑制后促进的"U形"作用。第三，雅各布主动溢出。随着市场分工的不断深化与信息流动效率的提高，寻求外部发明已经成为公司创新的普遍行为。尤其是在科技服务业较为发达的地区，传统制造业、服务业在转型的过程中往往会委托科技服务业进行技术研发，通过行业交叉应用最终实现行业间的知识溢出，比较典型的例子有移动支付、快递物流和网订外卖等新业态的诞生。第四，雅各布被动溢出。某些科技服务业在诞生初期，尤其是本地产业在基础不够雄厚、违反比较优势的条件下，通过自主研发创新和直接购买先进技术，这种方式在成本上往往不可行，因此模仿式创新成为最具可行性的选择，一个典型的例子就是印度的制药行业。由于印度专利法案的漏洞，印度生物医药研发通过模仿实现了快速增长，至今印度仍是世界上最大的仿制药生产国与出口国。此种做法尽管存在争议，但是利用这种从生物研发到药品制造

的模仿，印度确实实现了医药产业的发展。不过长期来看，模仿式创新不是科技服务业知识溢出的最佳途径。这些由科技服务业产生的溢出，既有可能通过技术流动提升整个区域的创新能力和技术水平，也可能由于专利保护漏洞、山寨模仿等途径降低技术效率，反而减弱区域创新动力，因此，科技服务业通过知识溢出途径对区域创新能力产生的间接影响是不确定的。

三、模型分析

关联分析认为，科技服务业企业会通过人力资本积累间接提升区域创新产出。延续对式 3-1 中提出模型的讨论，涉及科技服务业资本积累的变量为 h_{t-1}^a，由于产出 Y 是企业资本 K 的单调增函数，而资本积累 h 是企业资本 K 的单增函数，通过链式求导法则对式 3-9 进行推导，可以得出人力资本对区域创新产出具有正向影响（如式 3-11 所示）。

$$\frac{\partial\,Y_t}{\partial\,h_{t-1}^a} = \frac{\partial\,Y_t}{\partial\,K_t^a} \cdot \frac{\partial\,K_t^a}{\partial\,h_{t-1}^a} > 0 \qquad (3\text{-}11)$$

模型中与产业集聚相关的变量为 k_t^a、k_t^b、n，这些参数与区域创新产出 Y 的关系则是不定性的。因为虽然创新产出 Y 与企业资本 K 具有单调增关系，但是两个部门企业资本 $k_t^i(i=a,\ b)$ 以及区域内企业比例关系 n 与 K 的关系是不确定的，某一部门企业资本的增长既可能带来整个区域资本规模 K 的增加，也可能挤占其他企业的生存空间，甚至会带来区域资本规模的下降。因此，在第一小节中，研究认为科技服务业通过产业集聚渠道对区域创新产出的影响是不确定的。

最后，知识溢出的渠道会间接影响企业技术水平参数 A 与 B，理论分析与要素配置机制分析过程类似，故不赘述。本书的第四章和第六章将分别通过定性与定量的方法，对上述机制的成立以及作用效果进行验证。

第三节　空间门槛机制

随着科技服务业的发展，科技服务业对区域创新能力的影响应该渐进趋同，但是现实中各区域间的创新能力存在差异。研究基于理论分析，提出现阶段中国各区域间可能存在着各类"门槛"，影响着科技服务业对区域创新能力发挥的作用。这种门槛不仅影响科技服务业对区域内部创新能力的影响效果，还影响着区域间创新能力的辐射和互动。空间门槛机制的分析，能够为中国科技服务业对区域创新能力影响的区域差异性和多元性提供一个可能的解释。

在数理模型中，微观个体企业经营者通过选择每期追加投资与消费来实现效用，发现受到资金、技术与政策的限制，科技服务业投资存在一个明显的"门槛"。本小节希望对这种门槛效应进行一个理论上的分析，并提出可能影响这种门槛效应发挥作用的因素。关于这一"门槛"是否真实存在，以及这一"门槛"会对机制产生怎样的影响，将在第七章实证部分进行检验。

根据模型设定的初始条件（式 3-1），区域内企业资本能否持续积累，区域内创新产出是否可以持续增加，核心的参数条件是式 3-6 与式 3-7 的技术水平与资本份额 β 之积是否能够大于积累门槛 1。假设 $\beta A > 1$ 恒成立，这是因为 $y_t^b = A\,k_t^b$，若 βA 小于该界限，则复合资本永远不会产生有效的自动积累，这说明该区域的科技服务业企业永远不会发展壮大，只可能保持初始水平或者逐渐消失，这对本研究分析没有实际意义，也显然不符合实际情况。科技服务业与区域内其他企业相比存在两个特征：一个是较高的区域平均技术水平；另一个是资本流动存在一定限制。因此根据区域内其他企业的相对技术水平和门槛限制强弱，模型主要讨论四种情况（如

表3-3所示）。

表3-3　模型可能的四种情况

	门槛限制强	门槛限制弱
$\beta B \leq 1$	区域创新能力提升有限	区域创新能力整体提升
$\beta B > 1$	影响不确定	区域创新能力整体提升

一、作用数理模型

（一）情形一：$\beta B \leq 1$，门槛限制强

首先，讨论科技服务业企业的发展状况。通过在该假设下资本积累的无穷期迭代，可以得到在动态均衡时科技服务业企业的最终资本积累水平（记作 k_∞^a）：

$$k_\infty^a = \left[\rho \left(\beta A \right)^\gamma \right]^{\frac{1}{1-\gamma}} \qquad (3-12)$$

该式说明，当科技服务业企业技术水平高于区域平均水平，并且科技服务业存在投资门槛时，科技服务业可以通过市场自发实现资本积累过程。在现实中，这一结果可能的机制是科技服务业企业通过技术或者市场规模形成垄断。一方面，与其他企业的技术创新活动相同，通过技术实现垄断是科技服务业企业创新的重要目的，在现实中案例很多不必赘述。另一方面，前期市场规模和社群数量形成的垄断是科技服务行业的一个特色现象，如在互联网搜索服务中，百度通过先发优势前期积累大量客户，截至2017年百度无论是在移动端还是PC端的搜索引擎市场占比均超过80%，其通过前期市场规模进行垄断。这种现象在技术水平门槛相对较低、单个订单盈利能力较弱、需要大量客户形成流量红利的科技服务业中十分常见，如互联网餐饮业的"美团""饿了么"，互联网汽车租赁业务的"滴滴打车"，等等。

其次，由于区域内其他企业技术水平较低，无法形成更多的资本积

累，该类型企业的资本水平始终保持在初始值（式 3-12）。此时，由于科技服务业企业的资本规模逐渐增加，则区域内其他企业所占比重逐渐减小，区域内的各项资源向科技服务业企业集中。这种情况在区域内制造业、建筑业等其他产业基础较弱的地区可能发生。现实中与该情形相对应的模式是中国中西部地区的某些高新技术产业园区，这些地区在开发前往往是农业生产区或者开发程度较低的城市郊区，高新技术产业规划使得该地区的科技服务业迅速成长，传统产业加速消亡，如贵州的大数据产业园区就是这类情形的典型。

$$k_\infty^b = 1(\beta B \leq 1) \qquad (3-13)$$

最后，结合初值条件与资本积累方程，将区域内最终产出的结果记为 Y^l，则该情形下区域创新产出结果如式 3-11 所示。最终结果式表明，区域创新产出的发展源于科技服务业的技术进步，但是由于资本流动限制，这种技术进步带来的产出提升只局限于科技服务业内部，其他企业对区域产出的贡献只源于企业占比 n 的提升，只有水平效应，没有增长效应，且 n 的提升可能造成式 3-13 第一项的下降，即说明低技术企业发展可能挤占科技服务业生存空间。综上所述，该情形下科技服务业企业对区域创新能力及产出的带动效应有限。

$$Y^l = (1 - n) A \left[\rho (\beta A)^{\gamma}\right]^{\frac{1}{1-\gamma}} + nB \qquad (3-14)$$

（二）情形二：$\beta B > 1$，门槛限制强

科技服务业企业的无穷期资本积累方程与式 34-13 相同，当 $\beta B > 1$ 时，区域内其他企业也可以通过自身积累实现资本的累积。由于资本流动限制强，科技服务企业与其他企业的技术仍不能外溢，因此区域内其他企业的技术水平仍为 B，故企业 B 的资本积累方程如式 3-15 所示：

$$k_\infty^b = \left[\rho (\beta B)^{\gamma}\right]^{\frac{1}{1-\gamma}}(\beta B > 1) \qquad (3-15)$$

结合式 3-13 与式 3-15，将区域内最终产出的结果记为 Y^h，则在该情

形下区域创新产出结果如式 3-16 所示。该式表明，科技服务业与区域内其他企业的发展都会为区域产出发展做出贡献，但是科技服务业提升区域创新能力整体的水平，则取决于科技服务企业与非科技服务企业的占比和两类企业的相对技术水平。一方面，科技服务业企业的平均技术水平高于非科技服务业企业，此时科技服务业的占比提升会带动区域创新能力的提升与产出的增加，反之则相反。值得注意的是，现实中的科技服务业的技术水平并非一定高于其他企业，尤其是在区域科技服务业发展的中后期，一些垄断性科技服务业企业会减缓研发的步伐，进而使得区域创新能力进步减慢。另一方面，即使科技服务业企业技术水平提升，科技服务业占比也并非越大越好，由于科技服务业企业对传统劳动力的吸纳能力相对较弱，科技服务业占比单方面的提高可能带来模型中未能表示出的社会收入分配问题、经济脱实向虚问题和产业承接不顺畅问题。这些问题说明在进行产业结构高级化的同时，必须给予产业结构合理化更多的关注。综上所述，该情形下科技服务业对区域创新能力的影响是不定向的，可能是一种非线性关系。

$$Y^h = (1-n) A \left[\rho \left(\beta A \right)^{\gamma} \right]^{\frac{1}{1-\gamma}} + nB \left[\rho \left(\beta B \right)^{\gamma} \right]^{\frac{1}{1-\gamma}} \qquad (3-16)$$

（三）情形三：$\beta B \leqslant 1$，门槛限制弱

在门槛限制弱的情况下，意味着两种流动成为可能：第一，资本流动。当门槛限制弱时，区域内企业个体投资存在一定的自由性，区域内个体投资者可以按照一定比例将其资本投入包含科技服务业的任何一家企业中，记这种可自由投资的比例为 τ，并且每一单位自由投资获得的平均利润与区域产出 Y_t 成正比。第二，知识流动。在门槛限制强的情形下，两类企业的要素被严格分割，但是随着包括资金、土地和劳动力在内的各类要素在两类企业间的流动，技术会由高技术水平的部门向低技术水平的部门扩散，假设科技服务业相对技术水平较高（A>B），D 代表低技术水平部

门接受技术外溢后的技术水平。上文中的知识溢出小节已经对这种机制进行了详细的说明。

首先，在资本自由流动下，科技服务业企业的最终产出发展主要变为两个部分：一部分是企业自身经营取得的收益 $(1-\tau)\,A\,k_t^a$；另一部分是在资本流动情形下投资产生的收益 $\dfrac{\tau\,Y_t}{1-n}$（式 3-17）。

$$y_t^a = (1-\tau)\,A\,k_t^a + \frac{\tau\,Y_t}{1-n} \qquad (3-17)$$

其次，其他企业的产出情况。设新的技术水平 $D\epsilon[B,A]$（B 代表企业完全没有学习到科技服务业企业的技术与经验，A 代表企业完全获得科技服务业企业的技术或者成为科技服务业企业），$(1-\tau)\,D\,k_t^b$ 表示企业扣除对区域内非本企业后的直接经营净收入；$\dfrac{\tau\,Y_t}{n}$ 指代企业的投资收入。同理，非科技服务业企业的收入方程变为：

$$y_t^b = (1-\tau)\,D\,k_t^b + \frac{\tau\,Y_t}{n} \qquad (3-18)$$

此时，决定模型的关键则是要经过技术的转移，非科技服务业企业的技术水平构成追加投资促成资本积累的条件 $\beta D > 1$。若这一条件不成立，则还会回到情形一所述水平，区域创新能力提升十分有限，最后区域总产出依然为 Y^L，这显然是一个非有效的改进。当 $\beta D > 1$ 时，非科技服务业企业可以在新的技术水平下进行资本积累，区域动态均衡总收入变为 Y^e（如式 3-19 所示）。这种情形是现实中较为理想的次优情形，科技服务业的发展不仅促进了本身技术水平的提高与行业规模的扩大，还通过刺激投资与知识外溢等效应，提升了区域整体的创新能力与收入水平，体现了生产性服务业对生产的促进作用，是一种生产部门与非生产部门的良性互动。由于现实中技术门槛不可能完全消失，科技服务业水平与其他企业的技术水平仍然有差距，区域总产出较情形一与情形二都有提升。在现实中，这种情形是后发地区发展科技服务业的理想情形，该地区传统企业发展较弱，但是由于较好的市场环境，资本流动限制较弱，科技服务业企业的发展也带动了当地传统产业的发展，这就是科技服务业企业的后发优势情形。

$$Y^e = (1 - n) A \left[\rho (\beta A)^{\gamma} \right]^{\frac{1}{1-\gamma}} + nD \left[\rho (\beta D)^{\gamma} \right]^{\frac{1}{1-\gamma}} \qquad (3-19)$$

（四）情形四：$\beta B > 1$，门槛限制弱

该情形下的企业行为和最终产出与情形三类似，唯一的不同点是科技服务业未必是该地区技术水平较高的产业部门。设 E 为区域内技术水平较高的部门，则最终两类企业的技术水平都会向 E 收敛，记最终区域产出为 Y^{ss}（式 3-20 所示）。该类情形是无摩擦的理想情形，是当资本、技术和人才与各类要素市场都十分发达时，区域本身除科技服务业之外的其他产业已经十分发达的情形。在现实中该类情况出现较少，但是目前我国深圳地区已经出现了近似这种情形的良性态势。

$$Y^{ss} = E \left[\rho (\beta E)^{\gamma} \right]^{\frac{1}{1-\gamma}} \qquad (3-20)$$

对比四种情形下的产出（式 3-21）可以发现，科技服务业发展对区域创新能力都会有提升，但是其对区域创新能力和区域创新产出的带动强度则取决于门槛限制、区域平均技术水平等因素。无摩擦的理想情形固然最好，但是在现实中很难实现资本技术的完全流动，情形三是现实中最为普遍也是最可能实现的次优情形。数理分析的结果认为科技服务业的发展会带动区域创新能力。在此基础上，本章的后续研究将讨论如果数理模型推导的结果符合现实，那么科技服务业带动区域创新能力提升的具体机制可能是什么，以及各种可能机制的具体作用渠道是什么。

$$Y^{ss} > Y^e > Y^h > Y^l \qquad (3-21)$$

二、作用渠道

模型中几类情况划分的核心是技术流动门槛的强弱。在现实中，"技

术流动门槛"这一概念具有多方面的含义，凡是可以影响科技服务业企业与非科技服务业企业之间技术流动行为的因素都可以包含在内。其中，法律制度环境、人才流动限制和市场发育程度是科技服务业发展在现实中比较重要的几类"门槛"。

（一）法律制度环境

科技服务业企业的特殊性在于，知识与技术是其产品价值的核心组成部分。尤其对于以数据、信息和技术授权为主要产品的科技服务业企业来说，其盈利方式与法律制度环境有着重要的联系。已有来自制造业的实证研究表明，适度的知识产权保护能够形成"技术研发—技术学习—技术扩散—价值提升"的良性循环。相较于制造业，以知识产权保护为代表的法律制度环境，对科技服务业发展可能具有更为直接的影响。

法律制度环境作为科技服务业影响区域创新能力的重要门槛因素，其区域创新能力的影响可能是辩证的：一方面，知识产权保护力度较大可以保护科技服务业企业技术创造的积极性。较为完善的法律制度和执法环境，为科技服务业技术的创造提供了一个稳定的环境，降低因为技术盗用、盗版侵权而造成的经营风险，促进科技服务业对区域创新能力的促进作用。另一方面，当知识产权保护超过一定强度时，过强的技术流动限制也可能阻碍区域内低技术水平企业的学习与技术进步，巩固先占企业的垄断地位，降低企业技术创新的积极性，长期来看不利于提升区域整体技术水平。因此，法律制度环境的保护强度可能存在一个"门槛"。当强度在门槛以下时，科技服务业能够发挥促进区域创新能力的正向作用；当强度在门槛以上时，知识产权保护可能抑制科技服务业对区域创新能力作用的发挥。

（二）人才流动限制

人才流动是科技服务业促进区域创新能力提升的重要手段与途径。第一，科技服务业提供的各类产品服务，以及创新研发活动，本质上是科技服务业从业人员的劳动。第二，创新型人才、技术型人才在不同产业、不同部门、不同区域间的流动大大加速了知识溢出和技术传播，使得周边的产业能够迅速而又低成本地实现技术跟进，能够不断学习新的技术和管理经验，提高自身的创新能力和生产效率。第三，人才的自由流动是区域间实现资源高效配置的重要体现。当前中国各个地区都在进行如火如荼的人才吸引活动，多地出台各类优惠政策吸引适合区域发展战略的人才。人才只有自由流动，流向产业结构和经济环境与之更为匹配的地区，才能最大程度发挥人才的生产力。

人才流动门槛效应的理论假说来自对当前中国科技服务业后发城市表现差异的现实观察。中国人才流动面临着区域社会福利差异、交通基础设施和其他制度因素的现实限制，导致一些后发地区在人才流动方面仍然面临困境。但是近几年，随着后发地区的经济发展，以及人才对城市生活的多元化追求，一些后发地区开始大量流入人才。例如，成都、重庆地区，大量的人才涌入这些地区构建游戏开发、互联网技术和大数据技术等信息服务业部门，实现了这些地区科技服务业的后发赶超。2019 年，四川省电子信息产业主营业务收入第一次达到 10259.9 亿元，成为四川省首个营收超过万亿的产业部门。正是大量人才的聚集，使得一个完整的科技服务业企业生态在成渝地区形成，进而带动该地区创新能力的提升与经济增长。但是相较于成都、重庆等地的快速发展，另一类地区，人才虽然仍然处于净流入状态，然则由于人才流入规模不大，难以支撑一个新兴产业的兴起，因此其地区科技服务业发展仍然处于停滞状态。沈阳是此类问题较为突出的城市之一。根据国际著名求职服务企业"LinkedIn"发布的《2019人才流动与薪酬趋势报告》显示，2017—2019 年，沈阳年均人口流入 3.2万人，其中有近三分之一的流入人口从事科技服务/IT 行业，但是沈阳仍然未形成较为理想的科技服务业生态。尽管现实中影响科技服务业人才流动的因素十分复杂，基于观察的事实，研究认为人才流动（流入）可能是"门槛效应"的另一种现实表现：当人才流入不活跃或者小规模人才流入时，人才流动不能支撑科技服务业发展与行业生态形成，科技服务业对区域创新能力的促进作用有限；当人才流动到达一定程度时，人才聚集会加速科技服务业对区域创新能力提升的促进作用，这体现了人才积累对科技服务业发展与区域创新能力提升从量变到质变的作用。

（三）市场发育程度

区域市场条件本身也是科技服务业发展的重要基础，产品市场与要素市场的发育水平均影响着科技服务业功能的发挥。一般而言，产品与要素市场环境更为发达的地区，企业成长质量与速度可能更高。产品与要素市场发育程度对科技服务业企业可能产生以下特有的影响：

一是要素市场层面，要素市场的发育程度直接关系着科技服务业企业技术创造的效率。单独的技术要素不能直接带来产出，即使是技术依赖度较高的科技服务业，其技术也必须与劳动、资本等其他要素相配合。在现实中，要素市场发达程度影响着科技成果的转化效率，尤其是处于初创时期的科技服务业企业，公司发展对要素市场的完善程度提出了更高的要求。通过调研发现，包括沈阳、合肥在内的一些地区，虽然集中包括中科院在内的高水平科研力量，但是这些科研机构往往与北京、上海等区域外城市合作，在区域外转化为科技服务业企业。为此笔者走访了一家技术专利是由沈阳科研机构提供的但在上海注册的科技服务业企业负责人。该负责人表示，选择技术成果跨区域转化的主要原因就是上海地区的资本市场发育更为完善，尤其是针对科技服务业企业的风险投资环境更好。因此，要素市场条件可能通过作用于技术转化活动进而影响科技服务业对区域创新能力发挥作用。二是产品市场层面。科技服务业企业与区域产品市场的契合程度影响着科技服务业的盈利能力与发展状况。除本身技术水平先进外，科技服务业提供的技术服务能够满足区域需求也是影响科技服务业企业发展的重要因素。较为发达的产品市场能够更为快速地反映需求方的信息，快速诱致出新的市场需求，引导科技服务业企业开发新市场领域。特别是对于科技服务业企业这种产品更新更快的行业来说，及时准确的市场需求信息能够为其提供更多的盈利空间。

综上所述，市场发育程度是影响科技服务业发挥"门槛效应"的重要因素：当产品与要素市场较为发达时，无论是要素还是产品，它们的流通速度均较快，有利于科技服务业进行技术创新、产品转化和市场营销活动，能够促进科技服务业企业对区域创新能力促进作用的发挥；反之，当产品与要素市场未能达到一定要求时，可能阻碍科技服务业企业对区域创新能力积极影响的发挥。

关于门槛机制在现实中是否存在，门槛效应的具体效果如何，将在本书的第七章进行实证检验。

第四节　小结

基于第二章对现有文献的整合和总结，本书研究的目的在于研究科技服务业发展对区域创新能力的影响，并系统梳理影响的作用机制。本章根据研究目的，构建包含数理模型与机制分析在内的反映科技服务业发展与区域创新能力关系的理论模型，从理论上说明科技服务业对区域创新能力发展可能产生的影响。研究按照"企业—企业间—区域"这一逻辑框架，分别从企业个体行为、企业经济关联和区域空间结构三个层面提出了科技服务业影响区域创新能力的理论机制，即要素配置机制、关联机制和空间门槛机制。

本章第一节是要素配置机制的分析和说明。从生产要素这一经济分析最微观、最基础的角度出发，阐明了科技服务业对区域创新能力产生影响的可能途径。研究认为，从要素角度来说，科技服务业的主要业务是推进技术的生产和应用，科技服务业的直接作用应该体现在技术要素上（数理模型中的 A 或者 B）。全要素生产率是经济学中反映技术变化的通用指标，研究认为科技服务业对技术产生的影响可能来自创新直接推进新技术和要素配置优化两个方面。参考现有研究的建模思路，研究从微观企业投资决策行为出发，构建了一个关于科技服务业与区域创新能力之间的数理模型，并将直接机制和间接机制进行了理论上的抽象，为用计量方式研究检验上述理论提供了基础。

本章第二小节是空间关联机制的分析和说明。科技服务业发展还会通过社会分工和企业间行为，影响劳动力要素、区域产业结构和社会知识文化等因素，并最终对区域创新能力产生影响，这就是科技服务业对区域创新能力影响的关联机制。基于现有研究，研究主要总结了人力资本培育、促进产业集聚和知识溢出三种主要的间接途径，这三种途径对区域创新能力产生的影响可正可负，甚至可能出现"U 形"或者"倒 U 形"等非线性特征。

本章第三小节是空间门槛机制的分析和说明。我们通过本小节的理论分析，为理解科技服务业对区域创新能力影响的差异性提供了解释。数量模型推导的核心结论认为在大多数情况下，科技服务业的发展会带来区域创新能力与创新产出的提升，但是这种情况并不必然。科技服务业发展对区域创新能力的促进作用可能存在一个"门槛"，这也是模型建立的重要假说，也是实证部分需要重点验证的一个理论假设。只有在行业资本流动限制弱、科技服务业研发活力强的情形下，才能实现科技服务业对区域创新能力与创新产出的最优带动。在现实中往往不存在这种最优情形，可能更多的是模型中除最优情形以外的次优情形。甚至在一些情况下，科技服务业增长可能挤占其他产业发展空间，并造成经济发展的停滞。研究结合现实经验与数理推导，提出了法律制度环境、人才流动限制和市场发育程度是影响门槛效应发挥的重要因素的理论假说，这些假说将在第八章进行实证检验。

第四章

中国科技服务业发展与区域创新能力发展现状分析

上一章主要分析科技服务业发展作用机制对区域创新能力的影响，并提供理论视角的格局，本章将聚焦于实际情况，探讨中国科技服务业发展与区域创新能力在现实中的相关问题。与理论研究"个体—个体间—空间"的逻辑保持一致，对中国科技服务业与区域创新能力现状的分析也分为三个部分：基本现状、空间网络分析和空间格局分析。现状分析部分更加侧重对"区域空间"层面问题的关注。本章同时加入了对中国科技服务业与区域创新能力的网络研究、科技服务业对区域创新能力的空间研究内容。与理论机制相对应，能够形成关于关联机制和空间门槛机制假说更为直观的理解。

第一节　基本现状

一、科技服务业发展现况与主要问题

在第一章研究背景处已经提及，科技服务业是我国当前经济中最为活跃的部门之一。特别是当中国经济进入新常态时，科技服务业作为高端现代服务业的代表部门，一直处于高速增长的状态，体现了中国经济"换挡转型"的重要特征。图 4-1 显示了 2008—2017 年中国科技服务业的发展状况，图中柱形为科技服务业各部门的行业增加值，折线图为该行业当年

的增长率。2008 年，科学研究与技术服务业增加值均在 10000 亿元以下，占当年国内生产总值比重的 3.77%。随着科技创新在经济发展中的作用越来越受到重视，特别是以移动互联网服务业为代表的高技术服务业的快速崛起，科技服务业也经历了年均增速超过 10% 的高速增长。2017 年，中国信息传输、软件和信息技术服务业和科学研究与技术服务业增加值分别达到了 26400.6 亿元和 16198.5 亿元，占当年国内生产总值比重的 5.19%，是国民经济中发展最迅速的部门之一。

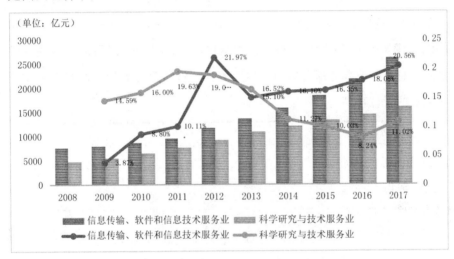

图 4-1　2008—2017 年中国科技服务业发展状况

数据来源：《中国统计年鉴》2008—2017 年。

科技服务业发展对经济的正面影响不仅体现在行业产值增加对经济增长的带动作用上，还体现在科技服务业发展对其他产业变革的影响上，即第三章理论模型所阐释科技服务业发展对区域内其他企业生产率的带动作用。一个较为典型的行业案例是互联网信息服务业、地理信息服务业和云计算等数据服务业对物流产业"智能化"发展的支持。随着电商平台在中国的快速发展，人们对物流行业提出了更高的要求：一方面，电商平台扩大了一些生产厂商的服务范围，生产端需要更为严密精准的物流网络实现原料与产品的运输与仓储；另一方面，消费者对快递物流送货时空的精准性也提出了更高的要求。物流行业面对这些方面的挑战，开始与互联网技术开发者、电商平台运行企业、地理信息技术和车辆技术研发者共同合作，共同开发基于物联网的现代物流产业，进行了"运输车辆—智能仓储"全产业链的革新。

　　运输车辆方面，2018 年 12 月，工信部印发了《车联网（智能网联汽车）产业发展行动计划》，确定了 16 个国家级智能网联汽车测试示范区。在这些示范区，从长途货车开始推行整车联网制度，以智能物流行业的代表企业 G7 物流、中欧物流、京东物流等率先开始了智能物流车实时监测的试点（如图 4-2 所示）。通过试点地区的空间分布可以看出，这些地区都是信息服务业和通信业较为发达的地区，科技服务业的良好基础带动了物流业的智慧转型。

试点名称	试点名称
吉林长春	国家智能网联汽车应用（北方）示范区
北京、河北	国家智能汽车与智慧交通（京冀）示范区 自动驾驶封闭场地测试基地（北京）
江苏	国家智慧交通综合测试基地（无锡） 智慧网联汽车自动驾驶封闭场地测试基地（泰兴）
上海	国家智能网联汽车（上海）试点示范区 智慧网联汽车自动驾驶封闭场地测试基地（上海）
浙江杭州和桐乡	浙江 5C 车联网应用示范区
陕西西安	自动驾驶封闭场地测试基地（西安）
湖北	国家智能网联汽车（武汉）测试示范区 智慧网联汽车自动驾驶封闭场地测试基地（襄阳）
湖南长沙	国家智能网联汽车（长沙）测试区
广东广州	广州市智能网联汽车与智慧交通应用示范区
重庆	国家智能汽车与智慧交通应用示范公共服务平台 自动驾驶封闭场地测试基地（重庆）
四川成都	中德合作智能网联汽车车联网四川试验基地

图 4-2　国家级智慧汽车示范区分布

智能仓储方面，根据京东物流报告，京东在全国物流货物吞吐量较大的地区对现有的京东仓储进行升级，可以通过大数据算法寻找区域需求与区域仓储的匹配度，实现提前调配热销商品，减轻物流压力。目前，北京、浙江、广州、上海和香港已经实现了 50% 以上智能货仓的建设，四川、贵州、安徽和江苏等地区，此类货仓的建设占比已经占到了 30% 以上。智能货仓的建立，改变了电商物流全部先下单再调配货物的流程，通过一定程度的预测实现了提前调配，有助于降低物流成本与减少物流高峰期带来的效率损失。

中国科技服务业发展带有明显的政策激励特征，存在的一个主要问题是政策缺乏统一性目标。2013 年，国家发展和改革委员会和工信部联合印发了《信息产业发展规划》，并且在国民经济"十三五"规划中，将大力发展现代科技服务业作为国民经济发展的重要内容之一。此后，各个地方分别出台了省级或者市级的科技服务业发展规划。但是通过梳理上述规划发现，多数规划存在科技服务业发展目标不清晰、对发展潜力认识不清晰和发展中长期内容不清晰等问题。"三个不清晰"会影响区域内科技服务业发展的可持续性，特别是影响中长期发展，进而阻碍科技服务业对区域创新能力正向影响作用的发挥。

主要表现：第一，发展目标不清晰。例如在四川省和天津市等省级科技服务业发展规划中都提及，要将现代科技服务业打造成区域经济发展的新支柱。但是对于科技服务业发展的目标产值、经济结构占比和对本省其他行业的支持和带动作用来说，科技服务业缺乏具体的定性或者定量描述。第二，对发展潜力的不清晰。研究发现，济南市、青岛市在规划中都明确地提及了区域目前科技服务业的发展基础状况，计划培育的科技服务业产业园区、企业数量以及预计吸纳就业人数等指标，并且对预计所用的核心指标进行了明确说明。但是，四川省绵阳市的发展规划以及沈阳市"十三五"的规划对科技服务业发展基础的描述明显缺乏关于核心的详细分析，只是列举了科技服务业整体产值和部分创新孵化器，对研究人员情况、科技服务业发展质量等都缺乏详细的说明。第三，发展中长期内容的不清晰。济南市、青岛市和北京市朝阳区都提出了相对明确的中长期科技服务业建设目标，天津市的科技服务业发展规划只将明细规划出台在三年以内，对中长期的发展目标则多是模糊性的描述，这种中长期发展内容的不清晰可能形成政策的"断点"，从而减弱科技服务业对区域创新能力的长期带动作用。

二、科技服务业发展的区域差异

总体来看中国科技服务业发展迅速，但呈现出明显的地区差异，即东部地区绝对领先于其他地区。工信部发布的软件和信息技术服务业 2018 年统计公报显示，2018 年，全国信息传输、软件和信息技术服务业总收入达到 63061 亿元，而东部地区收入占 49795 亿元，占比达到 78.96%，是其他地区收入总额的 3 倍以上。在更细一层的城市行业发展水平方面，全国包含 4 个直辖市与 15 个副省级城市在内的经济中心城市，北京、上海和深圳分别是信息传输、软件和信息技术服务业收入总额最高的城市，沈阳、哈尔滨和长春则是排在收入后三位的经济中心城市。在行业增速上，广东省、江苏省和北京市分别位列行业收入增速最快的前三名，而深圳、广州和南京则是行业收入增速最快的三个城市。

通过分析科技服务业增加值占区域增加值与占地区生产总值的比重反映各地区科技服务业的发展状况，我们发现占比高于全国总体水平的省级区域有北京、天津、上海、广东、江苏、浙江、重庆 7 个城市。湖北省占比为 5.12%，与全国总体水平相近，略低于全国总体水平。科技服务业增加值占比超过 10% 的有 4 个，其中北京科技服务业占比为 21.17%，为全国最高（港澳台地区和西藏地区相关数据暂时缺失）。通过观察各地区科技服务业发展状况，我们发现中国科技服务业在地理空间分布上形成了 4

个密集区域——京津冀城市群地区、长江三角洲地区、长江中游地区和珠江三角洲地区。其中，京津冀特别是北京与天津、长三角地区和珠三角地区都是中国科技服务业最发达的地区，也是目前中国高新技术产业集聚的核心区域。以湖北、重庆为代表的长江中游城市近年来经济增长迅速，新形成一些高新技术产业的聚集区域，如武汉"光谷"生物医药产业集群、成渝软件产业集群等，其科技服务业近几年也得到了长足的发展。与此相对应东北地区以及大多数中西部地区，科技服务业在地区生产总值中的占比不及全国总体水平，并且绝对数值也不高，其区域科技服务业发展有待进一步提升。

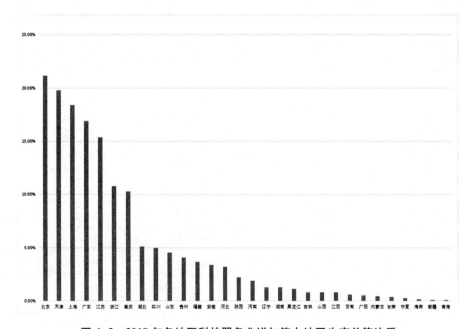

图4-3 2018年各地区科技服务业增加值占地区生产总值比重

资料来源：各地区统计年鉴、中国科技统计年鉴以及各地统计官方网站。

三、创新能力发展现状与主要问题

创新研发支出占GDP的比重是衡量一个国家和地区创新能力的重要核

心指标。近年来，全国 R&D 支出及其占 GDP 的比重呈现出逐年上升的趋势，创新能力提升迅速。这种提升不仅仅体现在创新研发支出上，还体现在从事研发工作的人员数量和专利数量上。表 4-1 整理了 2008—2017 年全国 R&D 人员全时当量与专利申请数，为了更进一步衡量创新能力，计算出每万人专利申请数。研究发现，在创新人员翻倍的同时，每万人专利申请数也增长近一倍，表明 2008—2017 年中国不仅创新规模快速扩大，而且创新效率也有很大的提升。

表 4-1　2008—2017 年中国创新人员与专利申请状况

年份	R&D 人员全时当量（万人/年）	专利申请数	当年每万人专利数［件/（万人/年）］
2008	196.5	828328	4215.41
2009	229.1	976686	4263.14
2010	255.4	1222286	4785.77
2011	288.3	1633347	5665.44
2012	324.7	2050649	6315.52
2013	353.3	2377061	6728.17
2014	371.1	2361243	6362.82
2015	375.9	2798500	7444.80
2016	387.8	3464824	8934.56
2017	403.4	3697845	9166.70

数据来源：中国科技统计年鉴，国家知识产权局官方网站。

中国的创新能力虽然提升十分迅速，且在一些技术领域已经处于世界领先地位，但与世界主要发达经济体相比仍然存在差距。以 2016 年 R&D 经费占 GDP 的比重反映创新能力的发展状况，中国的创新研究经费虽然绝对值并不少，但是在占 GDP 比重上仍然落后于多数发达经济体（如表 4-2 所示）。

表 4-2　2016 年中国与部分发达经济体 R&D 经费及占比情况

国家	R&D 经费（亿美元）	占 GDP 比重（%）
中国	4512	2.11
日本	1913	3.48
法国	622	2.25
德国	1182	2.93
英国	472	1.69
美国	5111	2.74
韩国	794	4.23

数据来源：各国官方统计机构网站。

除了总量不足外，中国还存在着科技服务业发展与区域创新能力提升不相匹配的结构性问题。本书一直强调，科技服务业的本质是"服务业"，其发展阶段和发展目的必须与本地经济基础和产业现状相适应，才能最大限度地发挥其对区域创新能力的带动作用。科技服务业包含 2 大类 48 小类行业部门，各个部门之间功能差异巨大，一个地区不可能重点发展所有的科技服务业部门。因此，选择与区域产业基础和发展规划相适应的部门，对发挥科技服务业对区域创新能力的发展有着至关重要的作用。

我们通过对比研究各地关于科技服务业发展的支持文件，发现青岛重点指出了科技服务业发展要与青岛"白色家电""海洋城市"等区域特色相适应，发展智能家居服务，贵阳指出科技服务业发展要配合区域"大数据中心""天眼"科技平台建设，这些地区指出了科技服务业发展的地方特色与产业配合问题。但是，大多数地区的科技服务业发展都只是笼统指出要发展"智能制造""电商平台"和"科技咨询"等行业，缺乏与区域内相关产业及区域发展目标相关性的分析。理论模型指出，当科技服务业发展与区域创新能力发展阶段、定位和方式不匹配时，可能出现科技服务业挤占生存空间，导致经济"脱实向虚"的问题。中国前几年"互联网金融"行业发展的乱象就是这种缺乏产业匹配性的重要表现。

与此同时，这种创新能力发展上的结构性问题还体现在一些关键领域与关键技术的"卡脖子"问题上。习近平总书记于 2017 年关于科技工作的一次座谈会上指出我国在一些关键技术上还存在着被部分发达国家技术垄断的现象，并强调要在芯片、操作系统、发动机、精密仪器等核心领域攻坚克难①。中国过去技术的发展往往依靠模仿式创新，但是随着当前国际经济环境收紧，我国一些领域面临的研发短板被暴露出来。在我国的技术短板中，除了一些如芯片制造、集成电路等硬件之外，还包含科技服务业之中的软件行业。中国目前 90% 以上的移动终端操作系统依靠进口，国产操作系统在普及性和实用性上仍然处于劣势。中国是世界上最大的互联网数据产出国，但是在数据处理领域的专利数量排名前五的企业中尚无中国企业。

四、区域创新能力差异

协调发展的区域经济体系是中国现代化经济体系的重要组成部分。区域创新能力的空间分布不均衡是构建现代化区域经济体系的重要阻碍。将 2008 年与 2017 年中国专利申请数量升级区域的分布状况进行比较，中国已经形成了京津冀、长江三角洲和珠江三角洲三大创新"增长极"，华中地区、成渝城市群高新技术产业快速发展，东北、西北地区创新能力持续提升的局面（如图 4-4 所示，左侧为 2008 年状况，右侧为 2017 年状况）。

将 2008 年和 2017 年的情况进行比较，发现区域之间的创新能力仍然差异巨大，存在严重的发展不均衡现象，甚至出现发展差距越来越大的现象。一方面，京津冀、长三角和珠三角依然在创新能力上相对于其他地区占据绝对优势。这三个地区是专利申请数量最高的地区，三个区域专利数

---

① 陈红霞. 习近平科技创新思想及其鲜明特色 [J]. 中共山西省直机关党报，2018（2）：9-12.

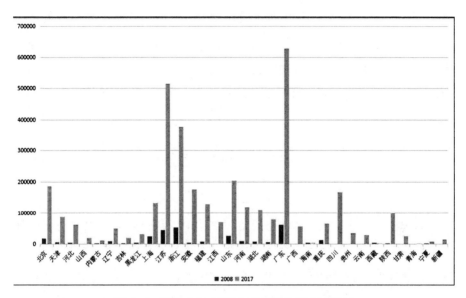

图 4-4　2008 年和 2017 年各省份申请专利数量

资料来源：国家知识产权局网站。

量占到了全国的 70% 以上。与此同时，这些地区也是全国专利申请数量增长最快的地区，以广东省为例，2008 年，其专利申请为 103883 件，到 2017 年，其专利申请数量为 627834 件，10 年增长了 6 倍。另一方面，一些地区的创新能力提升十分缓慢，除了新疆、青海和西藏等地区由于发展基础较为薄弱，创新能力提升缓慢以外，黑龙江、山西等省份在 2008 年区域创新能力基本在全国处于中上游水平，但是 2008—2017 年的发展出现了停滞，被其他地区反超。例如，2008 年黑龙江省在全国专利申请数量中占比接近 2%，与四川和陕西基本持平，略高于重庆。2017 年，黑龙江在全国申请专利中的占比仅为 0.87%，专利申请数量仅为四川省成都市总量的 1/3。造成这一现象的主要原因是：经济发达地区对周边地区的人才、资源和资本形成大量虹吸，后发地区频频出台鼓励政策但是落地情况并不理想，中国区域创新能力差距存在被拉大的趋势。科技创新确实需要"增长极"，需要一些地区率先提升创新能力带动后发地区。但是当区域创新能力差异过大时，如表 3-3 中所述的空间门槛较强情形，人才、资本、技术等要素不能实现有效的吸收和转移，从而阻碍着先发地区辐射力与带动力的发挥，整体上不利于中国国家创新能力的提升。

第二节　空间网络分析

上一小节侧重于从整体静态的角度描述中国科技服务业发展与区域创新能力关系的情况与现实，本节将视角转向区域之间的关联角度。创新经济地理学认为：知识创造者之间的合作受区位影响十分显著，包括地理临近、经济临近、制度临近和文化临近在内的多种区域临近都会有利于知识主体的合作，这种合作长期往复就会形成创新的空间网络。科技服务业作为最直接的知识创造主体之一，其区位空间布局及区域间联系的变化会直接影响区域创新能力。因此，研究分析中国科技服务业发展空间网络的结构与发展轨迹，对理解科技服务业对区域创新能力的影响效果、探寻科技服务业发展对区域创新能力提升作用有着重要的意义。在理论分析中关于区域创新分工、知识溢出以及门槛效应等诸多假说，都需要科技服务业与区域创新能力的空间网络分析给予经验上的验证与支撑。

由于知识合作的网络特征、空间属性和动态演化机制对了解地理过程及区域发展路径有着十分重要的意义，因而越来越成为当前经济地理学中的热点议题。Fischer 较早地应用专利引用数据研究企业之间创新空间网络问题，并较为完整地勾勒出欧盟创新空间网络图谱。在国内研究方面，尹丽春等[1]、

---

[1] 尹丽春，姜春林，殷福亮，等. 基于 CSCD 和 SCI 的跨省区科学合作网络可视化分析 [J]. 图书情报工作，2007（8）：62-64，89.

雷滔等①和胡晓辉等②应用学术论文数据对区域间创新网络关系、校企创新联系等问题进行了研究。企业的创新成果更多地通过专利申请而非学术论文体现，因此通过学术论文引用情况描述科技服务业空间网络会降低研究的准确度。因为当时中国知识产权制度尚不健全，中国尚未形成一个覆盖全国较为准确的专利数据库。随着中国知识产权制度的完善与技术市场的成熟，全国范围内的科技服务业专利数据信息逐步完善，这使得学者从专利引用的角度更为准确地描述中国科技服务业空间网络状况，并以此反映科技服务业对区域创新能力提升的影响。本节将以科技服务业专利引用数据为基础，分析研究科技服务业与区域创新能力的空间网络发展状况。

一、研究方法与数据选择

在数据选取方面，研究以合享专利数据库③为基础进行空间网络分析，由于专利分类采用国际通用 IPC 标准，与国民经济行业划分不能一一对应，因此需要选择最为贴近科技服务业行业内容的专利数据，研究选择专利具体类型范围如表4-3所示。结合数据库特征与研究需要，研究选取申请人国籍为中国，申请时间在 2005—2018 年之间且迄今为止仍处于有效期的发明专利。研究共搜索到专利 647715 条，其中申请人类型为"企业"的有 364577 条，占发明专利的 56.29%，说明研究科技服务业企业已经是该类技术的主要研发创造者。研究将申请人为企业的专利数据作为反映科技服务业与区域创新能力空间网络分析的基础数据。

---

① 雷滔，陈向东．区域校企合作申请专利的网络图谱分析［J］．科研管理，2011，32（2）：67-73.

② 胡晓辉，张文忠．制度演化与区域经济弹性：两个资源枯竭型城市的比较［J］．地理研究，2018，37（7）：1308-1319.

③ 数据库地址为 https：//www.incopat.com/.

表 4-3 研究选取专利种类范围

IPC 分类号	专利内容
G01	测量、测试技术
G02	光学
G05	控制、调节技术
G06	计算、推算、计数
G07	核算装置
G08	信号装置
G11	信息存储
G16	特别适用于特定应用领域的信息通信技术

专利引用是反映创新能力区域间相互影响的重要表现。利用合享专利数据库提供每个专利的引用信息，研究选取直接引用信息构建科技服务业企业专利联系网络，通过计算两个地区科技服务业专利引用次数反映联系密度。例如，江西科技服务业企业 A 专利被四川企业 B 和安徽企业 C 各引用一次，那么"江西—四川"和"江西—安徽"空间网络联系指标各为 1。之后，利用地理信息可视化软件 Netdraw 绘制中国科技服务业与区域创新能力的空间网络关系图。再通过对比 2005 年和 2018 年空间网络关系图反映中国科技服务业对区域创新能力影响的演化趋势。

二、空间网络特征

我们结合运用地理信息处理软件 Uninet6.0 和社会网络软件 Netdraw 生成空间网络图，其中，网络线条的粗细程度表示两地区之间科技服务业专利引用数量，门槛值为 1（只要两地区存在专利引用，在地图上就有线条显示），线条粗细每增加 1 个单位，代表专利引用数量增加 1000。节点大小代表该省中心度高低，节点越大的城市中心度越高，代表其与其他区域之间科技服务业专利引用联系更密切。图 4-5 与图 4-6 分别为截至 2005 年和截至 2018 年的科技服务业专利引用空间网络状况。

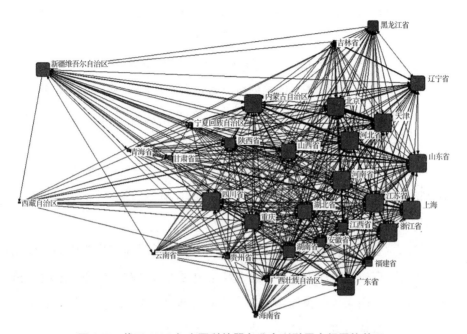

图 4-5 截至 2005 年中国科技服务业专利引用空间网络状况

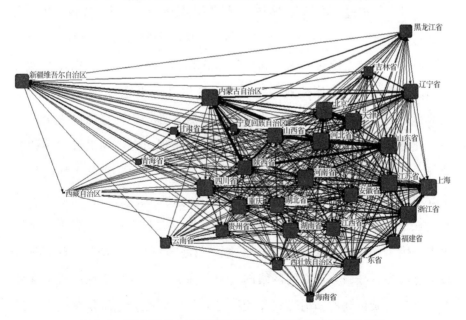

图 4-6 截至 2018 年中国科技服务业专利引用空间网络状况

根据科技服务业专利引用的空间网络状况，我们可以得出关于科技服务业发展与区域创新能力空间网络的三点特征。

第一，2005—2018 年，中国各区域之间科技服务业知识流通日益频繁，表明科技服务业发展对区域创新能力正在起正向作用。对比图 4-5 与图 4-6，发现 2018 年各个节点的连线密度和线条粗细所代表的引用数量都有明显的提升。科技服务业专利在各个区域间被引用的次数越多、频率越高，那么这些专利所代表的科技服务业技术和产品就越能在各区域间流动。正如理论模型所述的那样，这种知识和产品的流动会带来区域创新能力的提升。

第二，中国科技服务业空间网络呈现出以东部沿海省份为中心，以北京、上海、广东三地区为核心节点，其余地区为边缘的"中心—边缘"格局。无论是在图 4-5 还是图 4-6 中，尤其是北京、上海和广东始终是中心度最高、与其他节点联系最多的地区，这表明这三个省市的科技服务业辐射能力最强。这一结论与现状分析、莫兰指数分析相印证，从多个侧面说明这三个地区在中国科技服务业与区域创新能力发展中的重要地位。

但是，这三个地区的辐射和扩散模式存在不同：其一，以北京为代表的京津冀地区科技服务业网络联系呈现出日益明显的"京津一体化、河北孤立化"的特征。北京与天津的科技服务业知识网络密度为全国最高，北京和天津的科技服务业发展在现实中呈现出在空间上过渡转移的特征。但是北京、天津与河北的联系并不紧密，说明北京与天津的科技服务业发展并未能使得河北区域创新能力同等受益。其二，以上海为核心的长三角地区科技服务业空间网络则呈现出"长三角多极发展、上海辐射全国"的特征。截至 2018 年，长三角地区的上海、浙江、江苏三省市均已成为科技服务业空间网络的重要节点，说明这三个地区科技服务业发展对区域创新的辐射带动作用明显。与此同时，上海是全国中心度最高的地区，其与全国所有省级行政区都存在科技服务业知识联系，甚至其与新疆、西藏的科技服务业专利引用联系密度要高于周边省份。这说明上海凭借其经济中心的地位，通过经济联系将其科技服务业发展的影响扩散至全国。这一发现也佐证了第四章第二小节中的经济临近关系在科技服务业与区域创新能力关系中具有更为重要的作用。其三，相对于京津冀与长三角的跨省影响机制，广东则呈现出"向内影响"的特征。广东虽然科技服务业专利数量的占比位居全国第二（仅次于北京），但与周边省份的科技服务业联系并不密切，说明其对区域创新能力的影响更可能集中在省内尤其是珠三角地区。这三个区域的差异将会在实证研究中进行进一步对比与讨论。

第三，科技服务业的跨区域联系整体呈现出自东向西递减的态势，表明科技服务业通过知识溢出提升区域创新能力是自东向西逐渐减弱的。我们对比 2005 年和 2018 年的空间网络情况，发现东部沿海与中部省份的网络联系显著加强，但是东部与西部省份、中部与西部省份的连线密度变化不大。这说明当前科技服务业对区域创新能力的正向作用在向西部地区的溢出过程中存在阻碍。这种阻碍可能与第三章理论模型所提及的市场因素、制度因素和人才因素等门槛效应有关，这一发现为门槛效应的存在提供了一个现实依据，其中存在一个特例，即以四川为核心的成渝城市群。这一异常现象可以用近年来成渝城市群改革速度加快、人才和企业流入增加解释，这也符合我们对近年来成渝城市群发展的直观认知。

三、"核心—边缘"格局特征

空间网络的研究发现，中国科技服务业与区域创新能力的空间网络分布呈现出明显的"核心—边缘"格局。我们希望能进一步了解这种核心边缘格局形成的内在机制和发展态势。我们利用地理信息处理软件 Uninet6.0 中的"核心—边缘"分析模块，可以更为清晰地了解"核心—边缘"模式的演化过程。以东部沿海省份为核心区，其余地区为边缘区，核心区与边缘区 2005—2018 年科技服务业知识联系密度变化如表 4-4 所示。

表 4-4　核心区与边缘区科技服务业知识联系密度变化表

时间区域	2005 年		2018 年	
	核心区	边缘区	核心区	边缘区
核心区	2733.60	495.63	8218.04	909.45
边缘区	853.98	63.10	1544.21	190.33

从分析结果来看，以东部沿海为核心、其余地区为边缘的"核心—边缘"布局呈现出日益强化的趋势。"核心区—核心区"联系密度从 2005 年的 2733.60 上升至 2018 年的 8218.04，联系密度 13 年间上涨 3 倍左右；"边缘区—边缘区"联系密度不仅略微慢于核心区，而且其绝对数值仅为核心区之间联系密度的 2.3%，边缘地区很难跳出区域间的低水平"洼地"。总体来说，核心边缘格局差距并未得到改变，反而有强化的态势，这一结论为第三章第三小节中的空间门槛假说提供了证据。

"核心区—边缘区"与"边缘区—核心区"联系密度的年增长率分别为 6.22% 和 6.42%，数值上大体相当，表明核心区与边缘区科技服务业之间的联系在稳步增长，但是增速远不及核心区。这一现象可能的解释来自第三章理论模型所提出的"门槛效应"，核心区之间法律制度完善、市场发育成熟、人才流动快，可以使得科技服务业通过各种机制带动区域创新能力提升；边缘区在市场、制度和人才方面与核心区存在各种隐形壁垒，导致其联系并不紧密。但是，核心区和边缘区之间的联系在日益增长，表明随着区域协调发展战略的实施，这种隐形壁垒存在逐渐被打破的可能。当边缘区在制度、市场和人才等方面的发展突破一定门槛后，核心区与边缘区的联系可能加速增长，进而改变中国科技服务业与区域创新能力空间网络格局。

四、空间不协调特征的不利影响

我们通过对中国科技服务业与区域创新能力关系的演化经济地理分析，发现中国科技服务业在总体上发挥对区域创新能力的促进作用的同时，也存在着一些制约科技服务业发挥正向作用的因素。空间布局不协调问题的主要表现是各地区之间不仅科技服务业发展、区域创新能力的绝对水平差异巨大，而且发展增量和发展速度也差异巨大，形成以东部沿海地区为绝对核心，"核心—边缘"特征不断厚化的空间格局。这种不平衡不协调的格局对后发地区是极为不利的，也会影响中国整体创新能力的提升。

本节研究发现，科技服务业对区域创新能力带动作用较强，较弱的地区呈现出明显聚类分布的趋势，并且这种趋势随着时间的推移越发明显。按照这一趋势发展，落后地区与发达地区的差距会逐渐拉大，最终由于技术、人才或者科技服务业发展基础的差距过大而形成第三章数理分析中的资本流动门槛。资本流动门槛形成后，落后地区则无法实现对科技服务业的有效投资，在现实中会出现发达地区的技术进步较快，但是落后地区既无法承接发达地区换代产能也无法实现区域内自主创新的现象。这会进一步阻止科技服务业通过知识溢出渠道带动落后地区创新能力的提升，也不利于中国整体创新能力的提升。

中国这种空间差距过大的现象在现实中是存在的，其不仅表现在东部沿海地区与其他地区的差异上，还表现在东部某些地区内部。这一问题比较典型的地区是京津冀地区。通过图4-5以及4-6的空间网络分析发现，北京、天津与河北之间存在着较大的区域发展水平差距，这使得京津冀城市群中科技服务业绝大多数集中于北京和天津地区，而河北地区受到"虹吸效应"的影响，本地科技服务业很难依靠自身的力量发展起来。与此同时，由于河北本地人才、资本等科技服务业发展的基础条件已经不足以支撑京津地区的产业转移，因此北京、天津的科技服务业通常会在成都、深圳等地区跨区域实现转移和开设分支结构。这些效应抑制了河北地区科技服务业的发展，同时也阻碍着河北科技服务业对区域创新能力提升作用的发挥。同样，广东省附近的福建、广西，长三角地区周边的江西、安徽等省份也存在着类似的现象。

第三节　空间格局分析

本书研究的特色在于"区域空间"视角下的科技服务业发展和区域创新能力问题。在对空间网络现状进行分析的基础上，本节将从区域创新投入与产出两个角度，分析中国科技服务业发展与区域创新能力的空间格局。我们通过对空间格局的分析，能够更为完整地从区域空间视角下呈现中国科技服务业与区域创新能力之间的关系，为理论假说和计量检验提供更多的现实情况支撑。

一、科技服务业发展与区域 R&D 投入

首先，空间关联性的讨论可以用于分析科技服务业与区域 R&D 投入的空间分布特征。理论模型已经给出相应的机制：在要素配置机制方面，科技服务业会直接投资研发创新活动，科技服务业越发达，越会直接增加区域 R&D 投资；在关联机制方面，科技服务业可能通过知识溢出、人才培育和产业集聚等手段促进区域内技术研发机构的成长，也会带来 R&D 投资的增加。其次，研究可以通过空间相关性在不同时段的变化，分析中国科技服务业对区域创新能力影响的变迁。

（一）研究方法

1. 区域科技服务业发展水平与 R&D 投入关系的测度。研究选择科技

服务业企业和 R&D 投入的相对规模反映区域科技服务业和创新投入的关系。我们选取科技服务业增加值来表示科技服务业产业规模（sca，单位：万元），科技服务业统计范围包括"信息传输、计算机和软件业"和"科学研究、技术服务和地质勘查业"两部分。我们选取区域 R&D 投入反映区域创新投入的变量（R&D，单位：万元）。将两指标相除，以此反映科技服务业与创新投入的相对关系，即单位科技服务业企业产值对应的创新投入（用 X 表示，计算如式 4-1 所示）。这一比值越高，说明科技服务业产值对应的研发强度越大，说明科技服务业发展对区域创新能力的正向影响越明显。此项指标的计算数据来自 2004—2019 年的《中国第三产业统计年鉴》《中国科技统计年鉴》《全国技术市场统计公报》以及各省统计局、科技厅官方网站，少部分数据缺失以当年全国均值替代。

$$X = \frac{r\&d}{sca} \qquad (4-1)$$

2. 空间关联矩阵的计算。测度空间分布需要定义空间矩阵，n 个区域的临近关系可以通过一个 $n \times n$ 的矩阵 W 表示，研究以地理距离和经济距离两种方式定义空间矩阵。

（1）地理临近矩阵 W^1。参考张军伟[①]等的研究设置方法，以 1 代表地理临近，0 代表地理非临近，i、j 分别代表不同省份，在地理临近矩阵中各个元素如下所示：

$$w_{ij}^1 = \begin{cases} 0(i = j) \\ 0(i \neq j，且 i 省份与 j 省份不相邻) \\ 1(i \neq j，且 i 省份与 j 省份相邻) \end{cases} \qquad (4-2)$$

（2）经济临近矩阵 W^2。区域经济学除了关心传统的地理联系外，还关心区域之间的经济联系。借鉴物理学中的引力理论、经济学中的引力模

---

① 张军伟，张锦华，方卫. 粮食生产中化肥投入的影响因素研究——基于 Durbin 模型的分析 [J]. 经济地理，2018（11）：174-182.

型认为两个地区的经济联系与两个区域的经济发展水平成正比，与距离成反比。引力模型被广泛地应用于关于中国区域间经济联系的研究中。本书参考唐朝生等[1]和伍国勇等[2]的方法，计算两省份之间的经济引力 Y，式4-3 中 GDP 代表该省份 2003—2018 年地区生产总值均值，d 代表两省省会城市之间的直线地理距离。

$$Y_{ij} = \frac{GDP_i \, GDP_j}{d_{ij}^2} \tag{4-3}$$

计算各地区经济引力，取全国各地区（除西藏和港澳台地区）之间引力的平均数 $\bar{Y}$，若两省经济引力高于平均值，则记为经济联系上"临近"，反之则相反，由此可以得到经济临近矩阵：

$$w_{ij}^2 = \begin{cases} 0\,(i = j) \\ 0\,(i \neq j,\ Y_{ij} < \bar{Y}) \\ 1\,(i \neq j,\ Y_{ij} \geq \bar{Y}) \end{cases} \tag{4-4}$$

3. 空间莫兰指数（Moran's Index）是测度空间相关性的重要方法。研究通过计算莫兰指数（GMI）可以分析变量空间的相关情况，莫兰指数在［-1，1］之间，GMI>0 说明科技服务业与创新研发支出相对关系指数在空间上呈现出聚集态势，反之说明呈现出空间分散的特征；若 GMI = 0 说明变量在空间上完全随机分布。莫兰指数计算如式 4-5 所示：

$$GMI = \frac{\sum\limits_{i=1}^{n} \sum\limits_{j=1}^{n} w_{ij}(x_i - \bar{x})(x_j - \bar{x})}{S^2(X) \sum\limits_{i=1}^{n} \sum\limits_{j=1}^{n} w_{ij}} \tag{4-5}$$

在通过莫兰指数反映科技服务业对创新研发支出的空间布局演化的基

① 唐朝生，芦佩，樊少云，等. 京津冀城市群空间经济联系研究：基于修正引力模型［J］. 燕山大学学报（哲学社会科学版），2017，18（6）：80-87.

② 伍国勇，孙小钧，于福波，等. 中国种植业碳生产率空间关联格局及影响因素分析［J］. 中国人口·资源与环境，2020，30（5）：46-57.

础上，引入局部莫兰指数，可以分析区域科技服务业与创新研发支出关系是否存在跨区域影响，即第三章理论分析所述的门槛效应。i 省份的局部莫兰指数（LMI）计算如下式所示：

$$LMI_i = \frac{(x_i - \bar{x}) \sum_j^n w_{ij}(x_j - \bar{x})}{S^2(X)} \qquad (4-6)$$

局部莫兰指数取值也在 [−1，1] 之间，若 LMI>0，说明 i 地区科技服务业与创新研发支出的相关关系与其邻近地区有协同趋势，即在空间上出现"强者越强，弱者越弱"的马太效应，对应理论模型中的技术溢出门槛较强的情形；反之，当 LMI<0 时，说明科技服务业与创新研发支出的相关关系指数存在着"高数值—低数值"或者"低数值—高数值"的溢出现象，对应理论模型中的技术溢出门槛较弱的情形。

（二）全国科技服务业与区域 R&D 投入关系的演化趋势

我们根据地理临近矩阵和经济临近矩阵计算 2003—2018 年的莫兰指数以及其对应的 Z 检验统计量，具体结果如下表所示：

表 4-5 2003—2018 年科技服务业与区域 R&D 投入莫兰指数

年份	GMI（地理临近矩阵）	Z-value	GMI（经济临近矩阵）	Z-value
2003	−0.0021	0.027	−0.0007	0.391
2004	−0.0023	0.055	−0.0007	0.420
2005	0.0133	1.071	−0.0021	0.999
2006	0.1584	1.333	0.0175	1.258
2007	0.0560	2.027	0.0097	1.063
2008	0.1556	1.245	0.0142	1.311
2009	0.2250	1.314	0.0788	1.158
2010	0.3331	1.871	0.1250	0.833
2011	0.3039	2.143	0.1667	1.926

续表

年份	GMI（地理临近矩阵）	Z-value	GMI（经济临近矩阵）	Z-value
2012	0.3571	1.342	0.1456	2.054
2013	0.4041	1.767	0.1333	1.300
2014	0.4002	1.546	0.1985	1.415
2015	0.4384	1.118	0.1991	1.226
2016	0.4440	1.803	0.2406	1.567
2017	0.4033	1.789	0.3748	2.444
2018	0.4159	1.345	0.5258	1.960

通过分析莫兰指数的变化趋势，我们可以得到关于全国科技服务业与R&D投入关系变迁的三点趋势：

第一，在全国范围层面，科技服务业对R&D投入的影响在空间上呈现出"强者越强，弱者越弱"的极化趋势。除2003—2005年莫兰指数在0值附近波动外，其他年份无论使用地理邻近还是经济临近测算的莫兰指数都大于0，且数值波动提升，表明科技服务业和创新投入规模的指数X在空间上呈现出集中分布的趋势。某个区域单位科技服务业产值对应的创新投入越高，随着时间的推移，区域内以及周边区域的这一比值也会越高。这一现象说明科技服务业发展确实可以带来区域创新研发投入强度的提升。与此同时，在科技服务业发展基础越好的地区，其越有可能通过直接与间接途径促进本省或邻近区域创新研发支出的提升。同时也说明，在科技服务业发展较为落后的地区，科技服务业发展所对应的研发强度较低，后发地区科技服务业发展质量提升受阻。这一现象的形成可能与理论模型中所述的门槛效应相关。

第二，通过莫兰指数的变化趋势，科技服务业与创新投入关系变化可以划分为三个阶段。第一阶段，科技服务业发展对R&D投入影响不显著阶段（2003—2005年）。此阶段莫兰指数接近0，且部分年份指数为负，说明区域科技服务业对创新研发支出的正向影响不明显。这一阶段的形成原因可能是 21 世纪初，科技服务业在中国的发展尚处于起步阶段，其在区域经济中占比十分小，对区域创新研发的影响十分有限。第二阶段，科技服务业发展对 R&D 投入影响稳步提升阶段（2006—2009 年）。此阶段莫兰指数稳步上升，说明在一些科技服务业起步较早、发展较快的地区，科技服务业的发展已经能够带动区域创新研发投入的增长。这一阶段的稳步上升也与中国科研体制改革、第一波"互联网浪潮"等因素发展相关。第三阶段，科技服务业对 R&D 投入影响的高速提升阶段（2010—2018 年）。此阶段莫兰指数整体上呈现出加速上涨的趋势，表明此阶段"科技服务业发展—创新投入提升"的良性循环在科技服务业发展较好的地区已经形成，且辐射影响周边省份。

第三，区域间经济联系对科技服务业与区域 R&D 投入关系的影响随着时间推进越来越明显。自 2010 年以来，相较于以地理临近矩阵计算的莫兰指数，以经济临近关系计算的莫兰指数增长更为迅速，甚至在 2018 年超过了以地理临近计算的莫兰指数。这说明经济联系在科技服务业对 R&D 投入的影响中所起到的作用越来越重要。这一现象可以用第三章门槛效应分析中的关于市场发育水平的相关理论进行解释。科技服务业产品具有跨地理空间转移较为方便的作用，如一些数据、信息以及技术的跨区域分享只需要在互联网上进行，这种产品的转移甚至是"即时的"，因此科技服务业对创新研发投入的正向作用，更可能以科技服务业产品为载体通过市场产品链与价值链进行传播。随着中国区域市场一体化进程的深入，这种"经济临近"影响会更为显著。

（三）科技服务业与区域 R&D 投入空间聚集分析

莫兰指数变化能够从时间维度上展示中国科技服务业发展与区域创新投入关系的演化，局部莫兰指数则可以从空间上反映科技服务业与区域创新投入的当前布局。我们根据局部莫兰指数（LMI）和反映科技服务业发展与区域创新投入相对规模指数（X）的数值，空间布局可以划分为 4 种情况，即高数值邻域出现高数值（H–H 分布）、低数值邻域出现低数值（L–L 分布）、高数值邻域出现低数值（H–L 溢出）和低数值邻域出现高数值（L–H 溢出）。2018 年，中国科技服务业发展与区域创新投入关系空间布局情况如表 4-6 所示：

表 4-6 科技服务业发展与区域创新投入关系空间布局

空间布局状态	典型地区 （地理临近矩阵）	典型地区 （经济临近矩阵）
H–H 分布	北京、天津、上海、浙江、江苏、广东	北京、天津、上海、浙江、江苏、广东、福建、重庆、四川、辽宁、湖北
L–L 分布	云南、甘肃、宁夏、陕西、黑龙江、海南、青海、新疆	云南、甘肃、宁夏、陕西、海南、青海、新疆、贵州
H–L 溢出	四川、重庆、贵州、湖北、河南、辽宁、安徽、福建	安徽、河南
L–H 溢出	内蒙古、河北、山东、山西、湖南、吉林、江西、广西	内蒙古、河北、山东、山西、湖南、黑龙江、吉林、江西、广西

我们分析局部莫兰指数，可以得到关于科技服务业与创新投入关系在空间分布上的 3 个主要结论：

第一，中国科技服务业发展"三个中心"空间分布特征明显。无论是以地理临近矩阵还是以经济临近矩阵测算局部莫兰指数与空间布局，发现京津地区、长三角地区和珠三角地区都是"H–H 布局"典型地区。说明这些地区科技服务业产值对应的研发强度更大，科技服务业对区域创新能力的提升更为明显。这一特征与第四章第一小节现状的直观表现相一致，从这一角度来说，上述三个地区是中国科技服务业发展最为成熟、生态最为良性的地区。

第二，科技服务业对区域创新投入作用东西部差异巨大。相比于"H-H分布"全部集中在东部省份，"L-L分布"主要集中在西北、西南地区。这些地区科技服务业单位产值对应的研发强度较低，科技服务业发展对研发投入的促进作用不强。这种现象表明整个西部地区尚处于科技服务业发展水平较低、正面效应尚不显著的阶段。与此同时，东部地区部分省份已经出现了"H-L溢出"分布，表明这些地区科技服务业较为发达可能对周边研发强度较低的省份起到带动作用。在西部地区，整体水平偏低导致这种溢出效应很难实现，东西部差异可能会被逐步拉大。

第三，相较于空间溢出，科技服务业对创新投入的促进效果通过区域经济联系的溢出作用更为明显。由经济临近矩阵得出的"H-H分布"省份要多于地理联系，说明科技服务业对创新投入的促进作用在区域上的聚集受区域间经济影响较大，这一结论与莫兰指数分析得出的第三点结论相印证。与此同时，经济临近矩阵"H-H分布"的省份都是市场化水平较高的省份，这也说明市场发育水平作为科技服务业促进区域创新能力的"门槛"，这一假说在现实中可以得到验证。

二、科技服务业发展与区域创新产出

科技服务业对区域创新研发投入存在正向影响，那么对于区域科技研发的产出是否会有提升作用呢？根据理论分析，科技服务业会通过全要素生产率的提升带动区域创新能力的提升，这一途径在现实中最直接对应的指标就是创新产出效率。本节的分析可以为直接机制提供一个现实的定性检验。研究选用各区域"每万人（研发人员）专利数"的相关系数进行定性分析。这一比例可以较为准确地描述一个地区科技服务业发展与创新产出的相对关系。在理论分析中提及，科技服务业发展会带来人才在区域内的聚集，因此会增加研发人员数，同时也可能带来专利数的提升。当科技服务业发展质量较高时，专利数增速会快于研发人员数，这一数值会提升，代表着科技服务业发展会带动区域创新效率的提升。定性分析的方法与上文中保持一致，将代表科技服务业发展与创新投入的关系替换，是表示创新产出效率的变量，具体方法不一一赘述。

我们根据地理临近矩阵和经济临近矩阵计算 2003—2018 年的莫兰指数及其对应的 Z 检验统计量，具体结果如表 4-7 所示：

表 4-7　2003—2018 年科技服务业与区域创新产出效率莫兰指数

年份	GMI（地理临近矩阵）	Z-value	GMI（经济临近矩阵）	Z-value
2003	0.0114	0.989	0.1005	1.579
2004	0.0153	1.391	0.1013	2.614
2005	0.0177	1.520	0.1144	0.475
2006	0.1007	1.069	0.2613	1.397
2007	0.1655	0.888	0.2509	2.101
2008	0.1248	1.145	0.2956	1.184
2009	0.1178	1.960	0.2443	2.739
2010	0.2202	2.629	0.2710	3.722
2011	0.1224	2.277	0.2981	2.339
2012	0.1250	1.000	0.3802	1.293
2013	0.1248	0.831	0.3443	2.141
2014	0.2333	1.882	0.4253	3.385
2015	0.1545	3.613	0.4741	1.673
2016	0.2550	2.541	0.4571	1.797
2017	0.1570	1.504	0.5398	4.753
2018	0.2748	1.331	0.6158	3.834

以"每万人（研发人员）专利数"为核心变量计算的莫兰指数变化趋势与本节科技服务业发展与区域 R&D 整体一致，这说明科技服务业发展对创新产出效率也具有一定的正向影响，且空间布局规律与上文中的陈述一致。相较于科技服务业发展与区域 R&D 投入关系的演化趋势，科技服

务业发展与创新产出效率的演化与区域间经济联系更密切。以经济临近矩阵测算的莫兰指数无论从绝对值还是增幅上都超过以地理临近矩阵计算的莫兰指数，说明市场化联系对科技服务业发挥的作用更为重要。这一现象可能的解释是创新投入可能掺杂着更多的非市场行为，如政府创新研发、政策扶持以及其他非经济组织的研发投入，但是创新产出效率则与科技服务业企业的生存状况相关，也因此更容易受市场经济联系的影响。这为市场环境的门槛效应提供了一个现实依据，关于市场化水平的门槛效应将在实证研究中得到进一步验证。

与上一小节保持一致，我们继续计算局部莫兰指数以及4类布局模式，结果如表4-8所示。截至2018年，科技服务业发展与创新产出的关系基本相同，"三大中心"布局、东西部差异明显、经济溢出作用较大的特征仍然存在。值得关注的是成渝地区已经处于"H-H布局"，表明受益于近年来成渝地区人才吸引与创新激励政策，这些地区科技服务业发展对创新产出效率的良性影响已经十分明显。成渝地区的发展模式可以为后发地区构建科技服务业带动区域创新能力提升提供可参考的经验。

表4-8 科技服务业发展与区域创新产出效率关系空间布局

空间布局状态	典型地区（地理临近矩阵）	典型地区（经济临近矩阵）
H-H分布	北京、天津、上海、浙江、江苏、广东、重庆、四川	北京、天津、上海、浙江、江苏、广东、重庆、四川
L-L分布	云南、甘肃、宁夏、海南、青海、新疆、贵州	云南、甘肃、宁夏、海南、青海、新疆、贵州
H-L溢出	四川、重庆、贵州、湖北、河南、辽宁、安徽、福建	安徽、河南、辽宁、湖北、福建
L-H溢出	内蒙古、河北、山东、山西、湖南、吉林、黑龙江、江西、广西	内蒙古、河北、山东、山西、湖南、黑龙江、吉林、江西、广西、河南

第四节　小结

　　本章聚焦于中国实际情况，探讨科技服务业发展与区域创新能力现实中的相关问题。本章第一节介绍了中国科技服务业与区域创新能力发展的整体情况及现存问题，发现存在政策规划缺乏统一性、科技服务业发展与区域创新能力结构不匹配、区域差异性特征较为显著的问题。我们沿着第三章理论分析中关于科技服务业对区域创新能力影响理论主线，从空间网络和空间格局两个角度对科技服务业对区域创新能力影响展开定性研究。定性研究发现可以总结为以下几个方面：第一，科技服务业发展对区域创新投入、产出与区域间知识流动都具有较强的相关性，此现象可作为理论分析的直接与间接机制的经验性证据。第二，中国科技服务业对区域创新能力的正向作用空间分布呈现出典型的"核心—边缘"分布格局，并且该格局存在空间结构厚化的趋势。第三，通过空间格局和空间网络分析，说明中国科技服务业对区域创新能力影响的空间门槛机制现实存在。中国东部已经形成科技服务业促进区域创新能力提升的良性格局，但是中西部地区长期处于低水平发展的非良性循环中，东部地区的辐射带动能力弱。中西部地区可能尚未达到科技服务业发展起到显著正向作用的"门槛"。第四，中国东部地区科技服务业发展存在京津冀、长三角和珠三角三个核心，并且每个核心都有着各自的区域发展特征，这些特征的成因与对比将在实证分析中进一步深入。

　　本章的研究为理论分析所提出的各类影响机制与效应假说提供了一定的现实依据，也为计量实证分析提供了较为坚实的现实基础。下文将基于理论模型和定性研究的结论，进行科技服务业对区域创新能力影响要素配置机制、关联机制、门槛机制以及区域差异性的定量检验。

第五章

科技服务业发展提升区域创新能力要素配置机制的实证研究

第三章对科技服务业发展对区域创新能力提升的作用进行了理论机制分析，第四章基于中国整体的现实情况进行了描述性的定性分析，本章将进一步对科技服务业发展与区域创新能力关系进行实证检验，试图验证第三章中提出的要素配置机制，并对区域异质性与多元性进行讨论。首先，选取三个不同维度的指标全面衡量科技服务业的发展情况，并将区域创新能力也分为两个方面进行测度。其次，构建计量模型对科技服务业发展与区域创新能力提升的要素配置机制进行实证分析。最后，选取京津冀、长三角和珠三角三个城市群进行区域异质性研究，通过定量的方法比较要素配置机制在区域之间的差异性。

第一节 模型设定与变量选取

一、模型设定

在理论分析中提到，科技服务业发展能够通过新技术应用、集约研发等途径直接提高区域创新能力，而且提出全要素生产率提升和研发成本降低两个直接机制效果的表现形式。为此，本书设立如下基准模型：

$$ln\ y_{it} = \beta_0 + \beta_1\ lnx_{it} + \sum \beta_i Control + \sum \gamma_i M + \varepsilon_{it} + u_i + \omega_t \quad (5-1)$$

其中，i 表示省份，t 表示年份，lny 是被解释变量，表示区域全要素生产率或者研发成本，x 表示衡量科技服务业发展的相关指标，β_0 是常数项，$\sum Control$ 表示一系列控制变量，$\sum M$ 表示一系列中介变量，ε_{it} 为随机扰动项，u_i 为个体效应，ω_t 是时间效应。

由于部分指标地级市数据缺失严重且可获得性较弱，为此，本书采用国家统计局网站以及各省份统计年鉴公布的 2003—2018 年的数据，考察科技服务业发展对区域创新能力的影响。本书选取的被解释变量为全要素生产率和研发成本，核心解释变量为科技服务业产业规模、资源投入和信息化程度，中介变量为人力资本积累、产业集聚和知识溢出，控制变量为知识产权保护程度、城镇化水平和产业结构高级化水平。变量选取具体如下。

二、变量选取与数据说明

（一）被解释变量

本节主要研究科技服务业对区域创新能力的具体影响。为了能够更加科学、全面地对其影响作用进行实证分析，并对上文提出的理论机制进行检验，本节选取了全要素生产率和研发成本两个指标来衡量区域创新能力。如前文所述，科技服务业作用区域创新能力的本质是技术进步，已有研究表明，改革开放以来在区域全要素生产率提升中，技术进步贡献占比最大，并且在创新与技术进步的宏观经济研究中，创新表示全要素生产率参数的变化。同时，研发成本的降低也是创新能力提升的一个重要表现，研发成本降低主要表现在研发的产出投入比不断提高，这意味着该地区的技术水平显著提高。全要素生产率的提升是区域创新能力的一个重要表现，也是最为直接的表现之一，在重点研究科技服务业对区域创新能力影响作用的基准回归中，本书试图从多个维度衡量区域创新能力，因此采用全要素生产率和研发成本两个指标来表示区域创新能力显得更为合理、全面。

全要素生产率（TFP）。全要素生产率提升主要分为三个方面：技术进步、效率提升和规模效应。目前，全要素生产率的估计方法主要分为两大类：增长会计法和经济计量法。增长会计法是一种指数方法，其以新古典增长理论为基础，将经济增长过程中的要素投入贡献剔除，余值部分被认为是全要素生产率增长的贡献，该方法估算过程简单，容易理解，其代表性方法为代数指数法和索洛残差法。经济计量法是随着计量经济学发展而产生的较为准确的估计方法，该方法利用经济计量模型和计量工具，收集大量数据以准确估计全要素生产率，其代表性方法为隐形变量法和潜在产出法。本书综合上述两种方法，并参考张建华[①]等的研究，利用随机前沿模型和超越对数生产函数对各省份全要素生产率进行再估计。具体方法如下。

首先，建立随机前沿模型，表示实际产出、前沿产出和相对前沿的技术效率之间的关系：

$$ln\ y_{it} = lnf(x_{it},\ t) + v_{it} - u_{it} \tag{5-2}$$

其中，i 表示省份，t 表示年份，lny 是各省份的实际产出，x_{it} 是投入要素，f 是随机生产前沿函数形式，v_{it} 是服从标准正态分布的随机误差项，u_{it} 表示服从非负截断正态分布的随机变量，表示生产无效率效应。

其次，将全要素生产率分为三部分技术进步、效率提升和规模效应，公式为：

$$TFP_{it} = TP_{it} + TE_{it} + SE_{it} \tag{5-3}$$

其中，i 表示省份，t 表示年份，TFP_{it} 表示全要素生产率增长，$TP_{it} = \sum\limits_{j}$

[①] 张建华，王鹏. 中国全要素生产率：基于分省份资本折旧率的再估计 [J]. 管理世界，2012（10）：18-30.

$\dfrac{\partial\ lnf(x_{it},\ t)}{\partial\ t}$ 表示技术进步，$TE_{it}=\dfrac{d\ u_{it}}{dt}$ 表示效率提升，$SE_{it}=(RTS_{it}-$

$1)\sum\limits_{j}\gamma_{itj}\,x_{itj}$ 表示规模效应，且 $RTS_{it}=\sum\limits_{j}\dfrac{\partial\ lnf(x_{it},\ t)}{\partial\ \dfrac{x_{itj}}{x_{itj}}}$ 表示投入要素产出

弹性之和，$\gamma_{itj}=\dfrac{\varepsilon_{itj}}{RTS_{it}}$ 表示要素相对产出弹性，x_{itj} 为投入要素增长率。

最后，建立超越对数函数进行估计：

$$ln\,y_{it}=\alpha_0+\alpha_K ln\,K_{it}+\alpha_L ln\,L_{it}+\alpha_T t+\frac{1}{2}\beta_{KK}(ln\,K_{it})^2+\frac{1}{2}\beta_{LL}(ln\,L_{it})^2+$$

$$\frac{1}{2}\beta_{TT}\,t^2+\beta_{KT}ln\,K_{it}t+\beta_{LT}ln\,L_{it}t+\beta_{KL}ln\,K_{it}ln\,L_{it}+v_{it}-u_{it}$$

$$(5\text{-}4)$$

其中，i 表示省份，t 表示年份，K_{it} 表示各省份资本存量，L_{it} 表示各省份就业人数。

研发成本（cos）：研发成本不直接等同于研发费用，研发费用的增加一方面可能是研发成本增加，另一方面可能是企业研发活动增加，而直接衡量研发成本的变量较少，并且数据可得性较弱。因此，本书借鉴周亚虹等[1]和胡元木[2]的方法，利用各地区规模以上工业企业的研发投入与新产品销售收入的比值来表示研发成本。

（二）核心解释变量

为了保证实证结果的科学性和全面性，更好地反映科技服务业发展对区域创新能力的影响作用，本书选取产业规模、资源投入和信息化程度来

---

[1]　周亚虹，贺小丹，沈瑶. 中国工业企业自主创新的影响因素和产出绩效研究［J］. 经济研究，2012（5）：107-119.

[2]　胡元木. 技术独立董事可以提高 R&D 产出效率吗？——来自中国证券市场的研究［J］. 南开管理评论，2012（2）：136-142.

反映科技服务业发展现状。

产业规模（sca）：新古典经济学认为，产业规模扩大能够提升地区的生产效率。科技服务产业作为区域创新发展的支撑产业，其规模扩大能够为其他产业发展带来明显的技术促进作用，并且为周边企业的研发活动降低成本，最终通过深化产业分工与合作，促进知识和技术的溢出与流动，达到提高区域创新能力的效果。因此，本书选取科技服务业增加值来表示科技服务业产业规模，科技服务业统计范围与第二章第一节保持一致。

资源投入（res）：一个产业的资源投入数量是决定其发展规模和发展潜力的重要因素。一个产业的发展需要各种资源的投入，但对于科技服务业而言，决定其持续、创新发展的资源投入为研发费用投入，充足的研发费用不仅能够支撑更多的研发活动，还能够吸引更多的研发人才，保证研发效率。因此，资源投入是衡量科技服务业发展的重要方面。通常而言，资源投入越多，科技服务业产品研发、技术进步越明显，对相关产业的科技服务越广泛，进而促进区域创新能力的提升。本书选取科技服务业 R&D 经费支出来表示资源投入。

信息化程度（int）：信息技术的发展与进步为产业之间的合作交流提供了新的方式，大大降低了企业合作、技术交流的成本和门槛，更为科技服务业的发展带来了新的契机。信息化程度是科技服务业发展环境的重要体现，科技服务业能够通过计算机网络、通信工具整合科技资源，实现知识、技术、产品的互惠共享，并将科研机构、高校、企业连接成一个科研系统。区域创新能力的提升同样可以改善创新系统，信息化程度的提高促进了不同企业之间知识、技术转移，提高资源使用效率，降低了合作和交易成本，进一步改善了区域创新系统。因此，本书参考现有文献，选取每千人互联网用户数量来表示信息化程度。

（三）中介变量

人力资本积累（hum）：科技服务业的发展能够通过人力资本积累来影

响区域创新能力的提升。一方面，科技服务业属于高新技术产业，从业人员属于高端人才，地区科技服务业发展规模越大，高端人才聚集越多，可为区域创新能力的提升奠定人才基础；另一方面，科技服务业的从业人员从事知识生产、传播的相关工作，其在"干中学"过程中的人力资本积累较其他行业更为迅速。因此，本书选取地区高等教育在校人数与地区总人数的比值来表示人力资本积累。

产业集聚（qw）：科技服务业能够通过促进产业集聚来提升区域创新能力。一方面是科技服务业本身的产业集聚，科技服务业集聚能够最大限度吸引创新人才，保证产业本身的创新发展；另一方面，科技服务业的发展能够促进相关产业的集聚，产业集群式发展有利于技术转移和创新溢出，从而提升区域创新能力。因此，本书选取区位熵来表示产业集聚。区位熵的计算公式为：

$$qw_{ij} = \frac{E_{ij} \Big/ \sum_{i=1}^{n} E_{ij}}{\sum_{j=1}^{n} E_{ij} \Big/ \sum_{i=1}^{n} \sum_{j=1}^{n} E_{ij}} \tag{5-5}$$

qw_{ij} 表示 i 省份 j 产业的经济份额与整个经济中该产业所占份额的比值，E_{ij} 表示 i 省份 j 产业的产出，$\sum_{i=1}^{n} E_{ij}$ 表示 i 区域所有产业的总产出，$\sum_{j=1}^{n} E_{ij}$ 表示研究的所有区域 j 产业的产出，$\sum_{i=1}^{n} \sum_{j=1}^{n} E_{ij}$ 表示研究的所有区域所有产业的总产出。

知识溢出（kno）：科技服务业是以技术和知识向社会提供服务的产业，技术和知识是其特有的服务产品，科技服务业发展可以通过知识溢出来促进区域创新能力。参考相关研究发现，产业发展的知识溢出主要分为多样化溢出和专业化溢出两个方面，多样化溢出是指知识溢出双方属于不同产业，专业化溢出是指知识溢出的双方属于同一产业。对于科技服务业而言，其主要的生产活动是向其他产业提供知识和技术，提高其他产业的生产效率。科技服务业带来的专业化知识溢出相对较少，而且专业化知识溢出衡量指标与本书选取的产业集聚类似。本书选取科技服务业的多样化溢出表示知识溢出水平，公式为：

$$DIV = \frac{1}{\sum_j s_j^2} \tag{5-6}$$

其中，s_j 表示省级层面中一个科技服务业种类 j 的产出占省级层面中科技服务业的产出份额。

(四) 控制变量

城镇化水平 (urb)：创新活动一般以城市为中心开展，且城市在人才培育、基础设施和产业结构上更有利于企业创新的发展。因此，城镇化水平是影响区域创新能力的重要因素之一。本书采用城镇人口占地区总人口的比重表示城镇化水平。

产业结构高级化 (adv)：地区产业结构高级化水平是影响区域创新能力的重要因素，产业结构高级化有利于知识创造、知识获取以及企业创新，为区域创新发展奠定经济结构基础。因此，本书选取地区第二产业增加值与第三产业增加值的比值表示地区产业结构高级化水平。

财政支持力度 (fin)：地区政府的财政支持力度会在一定程度上左右产业的发展。通常，受到财政扶持力度大的产业往往能够迅速发展，受制于数据的有限性，科技服务业专门的财政扶持数据尚不可得，但是区域总体的财政支出也能从一定程度上代表财政对创新扶持的力度。因此，本书选取政府一般预算支出占 GDP 的比重衡量财政支持力度。

以上数据来自《中国统计年鉴》《中国第三产业统计年鉴》《中国科技统计年鉴》《全国技术市场统计公报》《新中国六十年统计资料汇编》以及中国国家统计局网站，样本空间为 2003—2018 年全国 30 个省、自治区、直辖市（除去西藏自治区，香港、澳门、台湾等地区）。对于个别缺失的数据，本书采用移动平均法进行补齐，以保证数据的完整性。各变量描述性统计如表5-1：

表5-1 各变量描述性统计

变量	观测值	平均值	最大值	最小值	标准差
TFP	480	2.4015	3.8437	−1.5141	3.2339
cos	480	5.0399	9.3266	0.8593	9.3221
sca	480	492.5656	9333.1043	32.32	213.1123
res	480	400.7575	2054.5274	72.2357	42.4361
int	480	199	810	74	231.4313
hum	480	0.0179	0.0400	0.0038	0.0105
qw	480	1.9546	5.3305	0.8584	9.4255
kno	480	2.7190	7.1332	1.3251	11.4222
urb	480	51.9824	99.0718	15.3253	21.5337
adv	480	1.1204	4.6701	0.4165	0.5741
fin	480	0.2928	0.7821	0.0721	0.0311

第二节　科技服务业发展提升区域
创新能力要素配置机制效果

一、科技服务业发展对地区全要素生产率提升的实证分析

为增加数据平稳性，降低异方差，本书对指标数据进行对数处理。我们通过Hausman检验判断应该选择的模型类型，检验结果显示采取固定效应，具体模型估计结果如表5-2。模型1是只包含核心解释变量的基准模型，模型2和模型3是逐渐加入中介变量和控制变量的扩展模型。我们观

察回归结果可以发现，科技服务业的产业规模、资源投入和信息化程度都能够对地区全要素生产率提升起到显著的促进作用，直接机制效果得到了实证检验。科技服务业是地区高新技术产业的重要组成部分，知识技术的创造和传播是其特有的生产活动，科技服务业的服务对象包括社会的各行各业，但知识密集型产业对科技服务业的需求更为迫切。

首先，知识密集型产业的发展对地区全要素生产率的提高起到了重要的推动作用。随着科技服务业产业规模不断扩大，该产业能够更大范围地服务相关产业，为其提供更加全面、专业的科技服务，有利于整个地区的生产技术进步，并且科技服务业能够作为不同企业进行合作交流的联络平台，能够促进地区或者产业集群的创新溢出和技术传播。科技服务业的发展能够吸引相关产业在其周围形成产业集聚，能够最大限度地发挥产业集聚的规模效应，促进地区全要素生产率的提升。科技服务业的资源投入一方面能够影响产业发展的规模与速度，另一方面对其发展的质量和可持续性也起到重要的影响作用。丰富的资源投入不仅能够支持科技服务业进行更多的科研活动，而且能够为其产业发展吸引更多的技术型人才。信息化程度的提升可以让科技服务活动更加方便快捷，计算机网络、通信设备等信息技术的进步让人才、技术、信息知识等资源在短时间内整合在一起，同时也为科技服务业与其他产业开展技术传播和知识共享提供了便捷的途径。因此，科技服务业的产业规模、资源投入和信息化程度都能够提高地区的全要素生产率，促进区域创新能力提升。

其次，各中介变量的估计结果也基本符合预期。人力资本积累的系数显著为正，表明人力资本水平的提高有利于地区全要素生产率的提升。科技服务业从业人员一般属于高素质人群，而且受教育程度较高，该产业规模的扩大不仅表现在业务范围的拓宽上，还表现为更多创新型人才的聚集。另外，科技服务业资源的投入有利于吸引和留住更多的技术人才，在从事科研活动时得到更多的人力资本积累。信息化程度的提升让人才、技术和信息打破空间限制，最大限度实现科技资源的整合，为人力资本提升带来便利条件。产业集聚的系数显著为正，表明产业集聚能够通过规模效应、技术传播等途径促进地区全要素生产率的提升。如上文所述，科技服务业的发展一方面能够形成自身产业集聚，吸引创新人才，保证产业本身的创新发展；另一方面，科技服务业的发展能够促进相关产业的集聚，产业集群式发展有利于技术转移和创新溢出，从而提升区域创新能力。知识溢出的系数为正，但并不显著。原因可能是，就全国样本而言，科技服务业发展过程的知识溢出范围较小和水平较低，并未真正起到提升区域全要素生产率的作用。

最后，各控制变量的估计结果符合预期。城镇化水平的系数显著为正，表明城镇化水平的提高能够促进区域全要素生产率的提升。城镇化发展让更多的农村劳动力进入城镇，不仅提高了他们的收入水平，还让他们参与更加专业的社会分工，提升自身技能和素质，进而提升整个社会的全要素生产率。产业结构高级化水平的系数显著为正，表明地区产业结构越高级，越能促进地区全要素生产率的提升。全要素生产率的提升主要依靠技术进步和创新溢出，而高级化的产业结构水平意味着存在更多的高新技术产业和知识密集型产业，也伴随着大量的高素质从业人员。政府财政支持力度的系数显著为正，表明政府财政支持力度越高，越能促进地区全要素生产率的提升。政府财政支持力度加大能够为企业创新提供资金支持，提高其创新积极性，促进地区技术进步和产业发展。

表 5-2　全要素生产率提升的回归结果

变量	模型 1	模型 2	模型 3
	lnTFP	lnTFP	lnTFP
lnsca	1.0182**	1.0981**	0.9802***
	(0.013)	(0.039)	(0.003)

续表

变量	模型 1	模型 2	模型 3
	lnTFP	lnTFP	lnTFP
lnres	0.5233*	0.5032**	0.4411***
	(0.051)	(0.031)	(0.002)
lnint	0.4111*	0.4244*	0.2128**
	(0.061)	(0.091)	(0.031)
lnhum		0.4242**	0.6121*
		(0.027)	(0.078)
lnqw		0.5325**	0.6156**
		(0.028)	(0.029)
lnkno		0.2329	0.3435
		(0.352)	(0.181)
lnurb			1.0219**
			(0.021)
lnadv			1.0121***
			(0.008)
lnfin			0.1133***
			(0.001)
constant	2.6724***	2.3221**	1.5007***
	(0.000)	(0.021)	(0.001)
N	480	480	480
R2	0.7427	0.7822	0.7913

注：括号中为变量估计系数的 p 值；*、**、***分别对应着10%、5%、1%的显著性水平。

二、科技服务业发展对研发成本降低的实证分析

与前文一致，同样进行 Hausman 检验，检验结果显示采取固定效应，

具体模型估计结果如表 5-3。模型 1 是只包含核心解释变量的基准模型，模型 2 和模型 3 是逐渐加入中介变量和控制变量的扩展模型。我们观察回归结果可以发现，科技服务业产业规模、资源投入对降低研发成本的促进效果显著，但科技服务业信息化程度对其促进效果并不显著。研发成本的降低意味着企业研发效率的提升，单位研发投入的创新产出增加。科技服务业产业规模扩大不仅增加产业的研发资金、人才和设备，还能够形成成熟的研发生产线，降低研发成本、提高研发效率。持续的资源投入虽然增加了研发投入，但也带来了更大的创新产出，新型的研发产品或者技术能够帮助企业率先占据市场，从而带来可观的物质回报。在进行一个新产品研发时，前期需要投入大量时间成本、人力成本和经济成本，对于科技服务业而言，充足的资源投入能够保证研发活动的持续进行，保证新知识的生产和技术进步，从而提高研发效率。科技服务业信息化程度对降低研发成本的促进作用并不显著，表明现阶段信息化程度的提高虽然能够有效打破时空限制、整合科技资源，但并未提高研发效率的水平，或者说对研发效率提升的促进作用并不明显。

同样，各中介变量和控制变量的系数符号也符合预期。人力资本积累的系数显著为负，表明人力资本积累水平提高能够显著降低研发成本。人才是创新发展的最核心要素，创新型人才是提高研发效率的关键，科技服务业产业规模扩大和充足的资源投入能够最大限度吸引和留住创新型人才，而信息化程度的提升也能将不同区域、不同机构、不同企业的人才聚集起来，保证研发的高质量开展。产业集聚的系数显著为负，表明产业的集聚式发展能够显著降低企业的研发成本。产业集聚能够实现集约研发和专业分工，不同企业之间可以构成一条成熟的研发生产线，大大降低研发成本。知识溢出的系数显著为负，表明科技服务业发展能够通过知识溢出的方式降低地区企业研发成本。科技服务业的发展具有很强的正外部性，它能够为其他产业提供先进的技术和经验，在企业研发过程中，科技服务业通过提供专业人才指导、专业设备支持等途径来提高企业研发效率。城镇化的系数显著为负，表明城镇化水平提高也能降低地区企业研发成本。城镇化进程使得越来越多的农村人口转移到城市中来，伴随而来的还有进城接受教育的农民子女，这对地区教育水平的提高起到了积极作用，进而为地区创新研发奠定了人才基础。产业结构高级化水平的系数显著为负，表明地区产业结构水平越高级，企业研发效率越高。如上文所述，高级化的产业结构水平高意味着存在更多的高新技术产业和知识密集型产业，也意味着知识传播、技术模仿等活动更加频繁。政府财政支持力度的系数显著为负，表明政府财政支持力度越大，会对研发成本的降低带来明显的促进作用。

表 5-3 研发成本降低的回归结果

变量	模型 4	模型 5	模型 6
	lncos	lncos	lncos
lnsca	−1.3134**	−1.0213***	−1.2143***
	(0.021)	(0.001)	(0.001)
lnres	−0.5523**	−0.5754**	−0.4987***
	(0.011)	(0.026)	(0.000)
lnint	−0.3222	−0.1158	−0.0975
	(0.221)	(0.374)	(0.119)
lnhum		−1.7218**	−1.2214**
		(0.021)	(0.018)
lnqw		−1.5131**	−1.3651**
		(0.026)	(0.029)
lnkno		−0.1531**	−0.1425*
		(0.012)	(0.071)
lnurb			−0.2714**
			(0.031)

续表

变量	模型 4	模型 5	模型 6
	lncos	lncos	lncos
lnadv			−0.7131***
			(0.001)
lnfin			−0.0121***
			(0.001)
constant	2.2247***	3.2854**	1.5542***
	(0.001)	(0.021)	(0.001)
N	480	480	480
R2	0.6723	0.6262	0.7713

注：括号中为变量估计系数的 p 值；*、**、*** 分别对应着 10%、5%、1% 的显著性水平。

三、稳健性检验

上述模型回归结果验证了前文的理论分析，科技服务业的发展确实能够直接带来区域创新能力的提升。科技服务业发展规模、资源投入和信息化程度对地区全要素生产率提升有着显著的促进作用，而科技服务业的产业规模、资源投入对降低地区企业研发成本也有着积极效果。然而，仅仅依靠上述模型就得出这样的结论，存在着较大的不确定性。为了避免变量选取随机性对实证结果准确性与科学性的负面影响，本书采取移动平均处理、增加控制变量和替换被解释变量来进行稳健性检验。由于篇幅限制，本书只展示部分核心稳健性结果（表5-4）。

（一）移动平均处理

本书选取的样本空间为 2003—2018 年全国 30 个省、自治区、直辖市（除西藏自治区，香港、澳门、台湾等地区）数据，由于年度数据可能存在波动性较大的问题，因此，本书采取将数据三次移动平均处理的方法，对模型进行重新估计，以保证结论的稳健性。模型 7 和模型 8 是将数据进行移动平均处理后的估计结果，结果同样显示科技服务业发展规模、资源投入和信息化程度对地区全要素生产率提升有着显著的促进作用，而且中介变量和控制变量的符号也符合预期，在此不再赘述。

（二）增加控制变量

本书的控制变量只选取了城镇化水平、产业结构高级化水平和政府财政支持力度，为了避免遗漏变量带来的估计误差，本书在原有控制变量的基础上又增加了地区经济水平（gdp）、固定资产投资水平（inv）和外商直接投资（fdi）等可能影响地区创新能力的指标，重新进行回归估计，模型 9 报告了回归结果。结果再次验证了科技服务业发展规模、资源投入和信息化程度对地区全要素生产率提升有着显著的促进作用，而且中介变量和控制变量的符号同样符合预期。

（三）替换控制变量

我们用与全要素生产率相关的地区专利申请数对数（lncr）作为反映区域创新能力的替换因变量，并采用相同方法进行回归，模型 10 报告了回归结果。大多数系数显著性水平、符号与基本回归保持一致，说明回归结论具有较强的稳健性。

表 5-4　稳健性检验结果

变量	模型 7	模型 8	模型 9	模型 10
	lnTFP	lnTFP	lnTFP	lncr
lnsca	1.2411***	0.9643**	0.8801***	2.2360***
	(0.001)	(0.029)	(0.002)	(0.007)
lnres	0.7441*	0.7671***	0.7991***	1.4788***
	(0.057)	(0.001)	(0.001)	(0.001)

续表

变量	模型 7	模型 8	模型 9	模型 10
	lnTFP	lnTFP	lnTFP	lncr
lnint	0.3274*	0.3213*	0.3748**	1.2001*
	(0.066)	(0.081)	(0.046)	(0.085)
lnhum		1.2748**	1.3641*	3.4475***
		(0.027)	(0.063)	(0.001)
lnqw		0.3274**	0.2211**	0.2490**
		(0.018)	(0.032)	(0.24)
lnkno		0.1021	0.2018	0.8474
		(0.112)	(0.291)	(0.202)
lnurb			1.1216**	2.4175***
			(0.033)	(0.005)
lnadv			0.8291***	2.5467***
			(0.001)	(0.001)
lnfin			0.5101***	1.2557***
			(0.001)	(0.000)
lngdp			0.6432**	0.5200***
			(0.012)	(0.001)
lninv			0.4322***	1.1018***
			(0.001)	(0.000)
lnfdi			1.3632**	0.8842*
			(0.042)	(0.098)
constant	5.1841***	3.8493***	1.4774***	12.5881***
	(0.000)	(0.001)	(0.001)	(0.000)
N	420	420	480	480
R2	0.6171	0.6377	0.7533	0.8688

注：括号中为变量估计系数的 p 值；*、**、*** 分别对应着 10%、5%、1% 的显著性水平。

四、内生性检验

我们在上述内容中已经对回归结果进行了稳健性检验，但回归结果估计仍然存在内生性的可能性，缓解内生性已经成为经济学研究不可忽视的问题。在本书的研究中，内生性可能来自两个方面。一方面，与本研究不直接相关，但是对区域创新能力可能有影响的其他因素。区域创新能力的提升不仅受到科技服务业发展的影响，还有可能受到市场开放程度、国有企业主导度和政府主导度等机制的影响。另一方面，可能存在的双向因果关系。科技服务业发展和区域创新能力提升很难做到绝对的独立性和外生性，科技服务业发展能够创造新的知识和技术，促进区域创新能力提升，而区域创新能力的提升又反过来推动科技服务业的进一步发展，二者可能存在反向因果关系。基于此，本书将从这两个方面解决模型的内生性问题，先排除市场开放程度、国有企业主导度和政府主导度等其他的可能因素，再构造工具变量对模型进行 IV 估计。

（一）排除其他可能机制

首先，考虑市场开放程度的影响。区域创新能力的提升是一个区域系统改善的过程，受国内外技术传播、创新溢出的影响。无论是对外直接投资还是外商直接投资，都可能带来或者学习到先进的技术和经验，从而促进地区创新能力的发展。与此同时，进出口产品的增加同样能够对区域创新能力起到促进作用，高科技或者新型产品的进出口有利于地方企业的模仿与跟进，来提高自身的技术水平。因此，本书选用地方进出口总额占地区生产总值的比重来衡量一个地区的市场开放程度，该比重越大说明市场开放程度越高。

其次，考虑国有企业主导度的影响。国有企业的主导度是研究我国国民经济发展不可忽视的问题。通常而言，与高科技民营企业相比，一些国有企业往往因为创新能力不足、生产效率低下、资源浪费严重等问题被诟病，因此，国有企业占比过高可能会抑制区域创新能力的提升。不可否认的是，部分大型国有企业也一直处于高质量发展水平，为准确衡量地区国有企业主导度，本书选取国有企业单位数占比来表示该指标。

最后，考虑政府主导度的影响。现阶段，"大众创业、万众创新"已经成为地方政府实现区域发展的重要指引，地方政府为提高经济发展水平，促进产业结构转型升级，不断加快高新技术产业园区建设，加大对新兴企业的投资支持。基于此，本书选取政府投资额来反映地区政府的主导度。

检验结果如表5-5所示，分别加入市场开放程度、国有企业主导度、政府主导度等可能影响的机制。回归结果显示市场开放程度、国有企业主导度显著，政府主导度不显著。但是在模型11和模型12中，核心解释变量的系数均与原回归基本一致且高度显著，说明其他未纳入模型的因素对内生性问题影响不大。

表5-5　排除其他可能机制

变量	模型 11	模型 12	模型 13
	lnTFP	lnTFP	lnTFP
lnsca	1.1323***	1.2141**	1.9141***
	(0.003)	(0.031)	(0.001)
lnres	0.6610*	0.6212***	0.6912***
	(0.051)	(0.001)	(0.002)
lnint	0.4132*	0.3981*	0.3265*
	(0.071)	(0.056)	(0.053)
lnopen	1.2217*		
	(0.067)		
lnsob		−0.6521***	
		(0.008)	

续表

变量	模型 11	模型 12	模型 13
	lnTFP	lnTFP	lnTFP
lngov			1.7621
			(0.201)
控制变量	是	是	是
N	480	480	480
R2	0.7323	0.7957	0.7754

注：括号中为变量估计系数的 p 值；*、**、*** 分别对应着10%、5%、1%的显著性水平；自此表开始，下文若不特殊提及，处于简洁性考虑，将只汇报核心变量结果，一般控制变量用"是/否"替代。

（二）IV 估计

我们采用工具变量法处理可能存在的反向因果关系，将核心解释变量的一阶滞后值作为工具变量（instrumental variable，IV），并采用两阶段最小二乘法进行回归。第一阶段，以解释变量一阶滞后项参与回归，得到当期的估计值；第二阶段，用当期变量的估计值代替一阶滞后项进行回归，最大可能消除可能存在的反向因果关系。工具变量的选取要满足相关性和外生性，即保证工具变量与解释变量密切相关，同时满足与遗漏变量不相关。具体回归结果如表5-6所示，工具变量的第一阶段 F 统计量远大于经验值10，因此满足相关性。另外，Hausman 检验的结果不显著，无法拒绝所有变量都是外生的原假设，这表明我们选择的工具变量是比较有效的，而且核心解释变量回归结果与上文保持一致，双向因果关系造成的内生性得到一定程度的控制。

表 5-6　工具变量回归

变量	模型 14	模型 15	模型 16	模型 17
	lnsca	lnres	lnint	lnTFP
lnsca				1.3292**
				(0.013)
lnres				0.6219**
				(0.011)
lnint				0.4221*
				(0.051)
IV1	0.8924***			
	(0.001)			
IV2		1.0851**		
		(0.018)		
IV3			1.1018***	
			(0.001)	
控制变量	是	是	是	是
F 统计量	67.7581	78.3363	112.7684	56.7312
Hausman 检验（p 值）				0.3212
N	480	480	480	480

注：括号中为变量估计系数的 p 值；*、**、***分别对应着 10%、5%、1%的显著性水平。

第三节　要素配置机制效果的区域差异

在第四章现状与定性分析中发现，京津冀、长三角和珠三角无论在科技服务业成长状况、区域创新能力发展水平还是两者之间的良性互动关系方面，都是中国最为发达的地区。但由于三个地区的社会经济基础情况不尽相同，因此产生了科技服务业对区域创新能力影响的不同效果，这为研究中国科技服务业区域异质性提供了可对比的良好样本。本节的方法与上节保持一致，保证研究框架的整体性与逻辑的一致性。通过本节实证结果的比较，能够更为直观地看到中国科技服务业发展与区域创新能力提升之间呈现出多元化的区域特征。

一、样本选择与数据说明

本书选取城市层面数据进行分析。京津冀地区包括北京、天津、保定、唐山、廊坊、石家庄、秦皇岛、张家口、承德、沧州、衡水、邢台、邯郸13个城市；珠三角地区包括广州、佛山、肇庆、深圳、东莞、惠州、珠海、中山、江门9个城市；长三角地区包括上海、南京、无锡、常州、苏州、杭州、宁波、嘉兴、湖州、合肥、芜湖、马鞍山、铜陵等26个城市。样本空间为2003—2018年各城市数据，数据来源于《中国城市统计年鉴》、国家统计局网站、各城市统计网站以及中经网、wind数据库。对个别缺失的数据，本书采用移动平均法进行补齐，以保证数据的完整性，并在计量分析中对数据进行对数处理。

在指标选取方面，本书选取核心解释变量为科技服务业产业规模、资源投入和信息化程度，中介变量为人力资本积累、产业集聚和知识溢出，控制变量为知识产权保护程度、城镇化水平和产业结构高级化水平，具体指标选取与计算方法与前文相同，故不赘述。在被解释变量选取方面，由于城市层面的全要素生产率和研发成本的可获得性不强，数据缺失较多，本节拟选用单一被解释变量衡量区域创新能力。对区域创新能力的衡量指标在学术界仍存在着较大争议，本书借鉴相关文献，选取地区专利授权量来表示区域创新能力。专利授权量不仅能够反映地区的创新积极性，还能够反映地区创新能力的高低，通常而言，较高的专利申请量往往伴随着较高的专利授权数量，但两者并不完全同步。国家知识产权局数据显示，2018年，我国发明专利申请量为154.2万件，共授权发明专利43.2万件，其中国内发明专利授权34.6万件。从地区层面来看，截至2018年，广东省专利授权量超过47万件，其中深圳市专利授权量14万件。江苏、浙江、北京、山东等地专利授权量也超过10万件，位于我国创新能力第一梯队；上海和福建、四川、安徽、河南等东部地区以及中西部人口大省专利授权量超过5万件，处于第二梯队；其他经济不发达省份专利授权数量未过万，处于第三梯队。由此可以看出，无论是企业层面，还是区域层面，专利授权量都能够有效反映出其创新能力的高低。

二、分区域科技服务业直接影响区域创新能力的实证分析

与前文回归方法类似，进行 Hausman 检验，检验结果均显示采取固定效应，具体模型估计结果如表5-7。模型1、3、5是只包含核心解释变量的基准模型，模型2、4、6是加入中介变量和控制变量的扩展模型。具体来看：

表5-7 分区域科技服务业直接影响区域创新能力的检验结果

变量	京津冀地区		珠三角地区		长三角地区	
	模型1	模型2	模型3	模型4	模型5	模型6
lnsca	0.9212***	0.8115***	0.4082*	0.3421***	1.8682***	1.8201***
	(0.001)	(0.001)	(0.061)	(0.001)	(0.001)	(0.001)
lnres	1.1614**	1.1883***	0.8331***	0.7712***	0.5920**	0.4850*
	(0.011)	(0.001)	(0.001)	(0.001)	(0.011)	(0.052)
lnint	0.2135**	0.1054**	0.3227*	0.3569**	0.1515*	0.3232***
	(0.022)	(0.015)	(0.062)	(0.015)	(0.078)	(0.005)

续表

变量	京津冀地区		珠三角地区		长三角地区	
	模型 1	模型 2	模型 3	模型 4	模型 5	模型 6
lnhum		0.1336**		0.3979***		0.5322***
		(0.021)		(0.001)		(0.001)
lnqw		0.8121**		0.1133*		0.4691**
		(0.044)		(0.064)		(0.012)
lnkno		0.3316*		0.1663*		0.3899*
		(0.076)		(0.069)		(0.071)
lnurb		0.3211**		0.8214**		1.1293**
		(0.011)		(0.014)		(0.024)
lnadv	0.3315***		0.3244***		0.2421**	
	(0.001)		(0.001)		(0.032)	
lnfin	0.2124**			0.5421		0.5472*
	(0.022)			(0.142)		(0.068)
constant	2.2104***	1.4246***	2.4281***	2.1562***	3.2832***	2.4791***
	(0.001)	(0.001)	(0.001)	(0.001)	(0.001)	(0.002)
N	208	208	144	144	416	416
R2	0.6315	0.7366	0.6814	0.7821	0.6323	0.7222

注：括号中为变量估计系数的 p 值；*、**、*** 分别对应着10%、5%、1%的显著性水平。

在京津冀地区，科技服务业的产业规模、资源投入和信息化程度都能够对区域创新能力提升起到显著的促进作用。在全国层面进行分析，京津冀地区科技服务业的资源投入对区域创新能力的影响更大，表明该地区创新投入转化效率高，能够将研发经费迅速转变为科技产出。在北京市中关村国家自主创新示范区，超过全国1/4的国家重点实验室、工程研究中心等在此聚集，其中包括140余家科研所、10余个国家级大学科技园等，其创新能力长期处于我国领先水平。京津冀地区科技服务业信息化程度对区域创新能力的提升促进效果显著，京津冀一体化进程建设必须依靠北京、天津对河北地区的带动辐射能力，计算机网络、通信设备等信息技术发展为北京、天津地区的人才、科技资源的跨区流动提供了便利，有效推动了京津冀地区创新能力的整体提升。此外，各中介变量和控制变量的系数符号也基本符合预期。在京津冀地区，人力资本积累的系数符号显著为正，表明人力资本水平的提高能够促进该地区创新能力的提升。产业集聚系数符号显著为正，表明产业集聚对京津冀地区创新能力的提升有促进作用。在控制变量方面，城镇化水平、地区产业结构高级化水平以及知识产权保护程度都能够显著促进京津冀地区创新能力的提升。

在珠三角地区，科技服务业的产业规模、资源投入和信息化程度均能够对区域创新能力产生积极作用。科技服务业的资源投入对区域创新能力的促进效果最好，这主要得益于以深圳为代表的珠三角城市群具有良好的创新氛围。自珠三角国家自主创新示范区成立以来，广东省政府、各地级市政府不断出台相应政策鼓励创新，加大人才引进力度，提高创新效率，促进区域创新能力的提升。科技服务业产业规模对珠三角地区区域创新能力提升的促进作用较小，一方面由于珠三角地区科技服务业发展不均衡，主要集中在以广州和深圳两地为核心的粤南地区，不能对粤北地区区域创新能力的提升起到明显的作用；另一方面，珠三角地区城市产业同质发展现象比较严重，并且大部分科技服务业自主创新能力相对较低。此外，各中介变量和控制变量的系数符号也基本符合预期。人力资本水平系数显著为正，表明人力资本水平能够显著促进珠三角地区区域创新能力发展。以深圳市为例，该城市为提升创新水平不断加大人才引进力度，截至 2017 年，深圳市已经授牌成立 4 个诺贝尔奖实验室，而且深圳市已经引进了 86 个"孔雀团队"、2542 名海外高层次人才、173 个高层次医学团队、85 家博士后工作站、1780 名博士后、23 位全职院士和 274 名国家海外高层次引进人才，在创新能力和创新产出方面跃居全国前列。产业集聚和知识溢出也能够显著促进珠三角地区创新能力提升，珠三角地区产业集聚现象非常普遍。据不完全统计，珠三角地区目前已经形成300多个产业集群，企业集聚发展能够通过良性竞争、信息交流等途径促进区域创新能力提升。珠三角地区的城镇化水平、产业高级化水平同样能够促进区域创新能力提高，但政府财政支持力度对珠三角地区区域创新能力的促进作用并不明显。

长三角城市群科技服务业的发展规模、资源投入以及信息化程度对促进该地区创新能力提升有着积极作用。其中，科技服务业发展规模对区域创新能力提升的促进作用最明显，资源投入次之，信息化程度最高。因此，长三角地区不同城市科技服务业产业规模的扩大能够对区域创新能力提升带来显著的促进作用。此外，各中介变量和控制变量符合预期。人力资本积累、产业集聚以及知识溢出在长三角地区同样能够促进区域创新能力提升，并且人力资本积累的促进作用最为明显，这与珠三角、京津冀地区基本相同。长三角地区的城镇化水平、产业高级化水平和知识产权保护程度同样能够促进区域创新能力发展。

我们通过各地区比较分析，发现京津冀地区和珠三角地区的科技服务业资源投入对本地区区域创新能力的提升作用最大，长三角地区对产业规模的促进作用最大。原因可能在于，京津冀地区有着全国顶尖的科技创新人才和资源，北京地区作为全国创新人才聚集地，创新产出和创新效率都位于全国首位。另外，京津冀地区在北京市的辐射带动下，产学协作进程处于全国先进水平，科研机构、著名高校都与科技服务企业有着密切的合作关系。珠三角地区主要得益于宽松的创新环境和高度的市场化，吸引了不少海内外优秀创新人才和创新企业落户珠三角，尤其是深圳市，其充分发挥自身地理位置、政策、创新氛围的优势，不断提升自身创新能力和创新产出。长三角地区的科技服务业产业规模对该地区创新能力提升促进作用最大，因为长三角城市群是中国三大城市群中发展程度最均衡的城市群，产业结构布局相对合理，各城市之间联系程度高，科技服务业作为新兴高新技术产业在不同城市之间均有分布，并且形成各具特点的产业集群，充分发挥科技服务业集群的规模效应，使区域创新系统进一步完善。

三、稳健性检验

上述回归模型的结果从实证角度验证了定性分析中关于区域差异性与多元性的直观现象。为了进一步保证结果的稳健性，与上文方法一样进行了稳健性检验，由于部分城市级别的创新专利申请数据缺失值过多，因此选取了移动平均和增加解释变量的方法。稳健性结果证明了本书结论的稳健性（表5-8），其中模型7、9、11是将数据进行移动平均处理后的估计结果，结果同样显示科技服务业发展规模、资源投入和信息化程度对区域创新能力提升有着显著的促进作用，而且中介变量和控制变量的符号也符合预期；模型8、10、12是增加了地区经济水平（gdp）、固定资产投资水平（inv）和外商直接投资（fdi）等可能影响区域创新能力指标的模型，实证结果同样稳健，在此不再赘述。

表5-8　稳健性检验结果

变量	京津冀地区		珠三角地区		长三角地区	
	模型 7	模型 8	模型 9	模型 10	模型 11	模型 12
lnsca	0.8821**	0.8054***	0.5262***	0.5421***	1.4824***	1.3382***
	(0.011)	(0.001)	(0.001)	(0.001)	(0.001)	(0.001)
lnres	1.0115***	1.1465***	0.8221***	0.8284***	0.4013*	0.4492***
	(0.002)	(0.001)	(0.001)	(0.001)	(0.083)	(0.001)
lnint	0.1053*	0.1284*	0.3531*	0.3343**	0.1143*	0.1822**
	(0.062)	(0.061)	(0.089)	(0.021)	(0.058)	(0.016)
lnhum	0.1208**	0.2133**	0.3411**	0.4237**	0.6322**	0.6622**
	(0.026)	(0.013)	(0.016)	(0.011)	(0.019)	(0.022)

续表

变量	京津冀地区		珠三角地区		长三角地区	
	模型 7	模型 8	模型 9	模型 10	模型 11	模型 12
lnqw	0.3235*	0.2488**	0.1491**	0.2721**	0.3141***	0.4132***
	(0.056)	(0.043)	(0.021)	(0.018)	(0.001)	(0.001)
lnkno	0.4214**	0.5321*	0.2156**	0.3391*	0.4113**	0.3921**
	(0.025)	(0.062)	(0.021)	(0.065)	(0.018)	(0.015)
控制变量	是	是	是	是	是	是
constant	3.2243***	3.6448***	1.7543***	1.6426***	3.8813***	2.8924***
	(0.001)	(0.001)	(0.001)	(0.001)	(0.001)	(0.001)
N	182	208	126	144	364	416
R2	0.7773	0.7182	0.6212	0.7832	0.7224	0.7161

注：括号中为变量估计系数的 p 值；*、**、***分别对应着 10%、5%、1%的显著性水平。

第四节　小结

本章旨在通过收集相关数据对科技服务业发展对区域创新能力提升的要素配置机制进行实证检验。首先，为了能够准确分析科技服务业对区域创新能力的具体影响作用，本章从全要素生产率提升和研发成本降低两个方面衡量区域创新能力提升，同时将科技服务业的发展分为产业规模、资源投入和信息化程度三个维度进行表示；其次，构建计量模型对科技服务业影响区域创新能力的直接途径进行实证分析；最后，对中国三大城市集群进行区域异质性研究，试图找出具有区域特色的影响机制。本章通过实证分析主要得到以下结论：

第一，科技服务业的产业规模、资源投入和信息化程度都能够对地区全要素生产率的提升起到显著的促进作用；科技服务业产业规模、资源投入对降低研发成本的促进效果显著，但科技服务业信息化程度对其促进效果并不显著。

第二，在京津冀、珠三角和长三角地区，科技服务业的产业规模、资源投入和信息化程度都能够对区域创新能力提升起到显著的促进作用。

第三，比较分析得到，京津冀地区和珠三角地区的科技服务业资源投入对本地区区域创新能力的提升作用最大，长三角地区对产业规模的促进作用最大，并进一步分析了层次的原因。

第六章

科技服务业发展提升区域创新能力的空间关联机制分析

第一节 关联机制存在性的实证检验

一、实证假说的提出

科技服务业发展不仅能够直接促进区域创新能力的提升，还能够通过人力资本积累、产业集聚、知识溢出等企业间关联机制对区域创新能力提升产生影响。在第三章理论分析中，我们已经对相关机制进行了说明，对实证需要检验的相关机制可以做出如下总结：第一，科技服务业的发展能够促进地区人力资本积累来提升区域创新能力。科技服务业是代表性知识密集型产业，对人力资本、知识要素以及科技资源的整合和运用是其特有的发展模式。一方面，科技服务业本身就聚集了各种高素质、高智力人才，人才资源是科技服务业发展最核心的要素，其通过从业人员进行知识生产活动，实现创新发展，这就要求科技服务业从业人员本身就具有丰富的专业知识、工作经验和思维拓展能力。另一方面，科技服务业从业人员每天从事知识生产和技术创新型活动，其在"干中学"的过程中使得人力资本积累速度大大提升。与此同时，科技服务业的生产销售活动与其他产业之间存在着很高的交互性，科技服务业的从业人员在给其他产业提供知识和技术服务时，也提高了其他产业从业人员的专业知识、生产技术，从而促进了其周边产业的人力资本积累。人力资本要素是区域创新能力提升的基础，人才是区域创新发展的关键，人力资本不仅能够改变区域创新能力的现状，还能对区域创新能力的可持续性产生重要影响。

第二，科技服务业的发展能够促进地区产业集聚来提升区域创新能力。科技服务业的发展往往呈现集聚现象，这种集聚以高新技术园区为载体，或者以高校、科研机构等资源为依托，实现科技服务业产业集聚、共同发展。由于科技服务业自身的高交互性和高辐射性，在科技服务企业周边容易形成一些相关产业的集聚，来实现这些产业的创新发展。产业集聚最典型的特征之一是地理邻近性，空间上的集聚为技术溢出、协同创新提供了有利条件，而且产业集聚能够让企业共享市场和服务，从而降低企业成本、提高收益，这在第四章第二小节空间聚集性分析中已经得到证实。另外，产业集聚能够带来一定程度的竞争。波特产业竞争理论认为，企业创新的动力主要来源于竞争。集群所带来的竞争压力也会在一定程度上激励企业的创新行为。

第三，科技服务业的发展能够通过知识溢出来提升区域创新能力。科技服务业发展具有高的正外部性，科技服务业的规模不断扩大，其对周边产业的辐射带动能力就越明显，其多样化、专业化发展形成的知识溢出现象也大大提升了区域创新能力。

基于第三章内容与第四章实际情况的分析，本章首先需要检验关联机制的存在性，即检验以下三个假说：

假说6-1——科技服务业的发展能够促进地区人力资本积累并以此提升区域创新能力。

假说6-2——科技服务业的发展能够促进地区产业集聚并以此提升区域创新能力。

假说6-3——科技服务业的发展能够通过知识溢出来提升区域创新

能力。

二、中介效应模型

随着对经济社会现象研究的日益深入，学者在进行经济现象解释和分析的时候发现，某些核心解释变量不仅能够直接影响因变量的变化，还能通过中间某一个变量间接对因变量产生一定程度的影响，这种现象被学者们称为中介效应。中介效应率先在统计学与数学领域得到应用与发展，学者进一步对中介效应与间接效应做出了说明与区分。间接效应不要求自变量与因变量之间必须存在着一定程度的相关性，只需要自变量能够通过某种途径作用于因变量的变化即可。中介效应的前提则是自变量与因变量之间存在着相关性，而且能够找到发挥中介效应的中介变量，也就是说，当解释变量与被解释变量有很强的相关关系，且中介变量只有一个的时候，中介效应就是间接效应。国内关于中介效应的应用起步较晚，温忠麟[①]等较早地在国内提出中介模型的构建以及检验方法，并在心理学领域率先推广应用。首先，我们考虑一个只存在单一中介变量的中介模型，多重中介效应模型与之类似。最基本的中介模型可以通过以下三式表示：

$$Y = cX + \varepsilon_1 \tag{6-1}$$

$$M = aX + \varepsilon_2 \tag{6-2}$$

$$Y = c'X + bM + \varepsilon_3 \tag{6-3}$$

其中，Y 表示因变量，X 表示自变量，M 表示中介变量。c 表示自变量对因变量的总效应，a、b 表示解释变量通过中介变量对被解释变量的中介效应，c' 表示自变量对因变量的直接效应，$\varepsilon_{i, i=1, 2, 3}$ 表示随机扰动项，上述系数满足 $c' = c - a * b$。

其次是中介效应模型的检验，主要包括总体中介效应的估计和检验、

---

① 温忠麟，张雷，侯杰泰，等. 中介效应检验程序及其应用 [J]. 心理学报，2004，36（5）：614-620.

个别中介效应的估计和检验以及中介效应的比较和检验。总体中介效应主要通过构造 t 统计量来进行检验，公式为：

$$t_{N-2} = \frac{c - c'}{\sqrt{\sigma_c^2 + \sigma_{c'}^2 - 2\rho_{cc'}\,\sigma_c\,\sigma_{c'}}} \tag{6-4}$$

其中，σ_c、$\sigma_{c'}$ 分别为 c、c' 的标准误差，$\rho_{cc'}$ 为相关系数。

个别中介效应检验一般通过 Sobel 检验法进行，Sobel 法是通过构造一个新的变量值的中介效应检验方法，构造公式为 $z = \dfrac{\hat{a}\,\hat{b}}{\hat{\sigma}}$，其中 $\hat{a}\,\hat{b}$ 表示系数 ab 的估计值，$\hat{\sigma}$ 表示 $\hat{a}\,\hat{b}$ 的标准误差。而且系数 a、b 的估计值必须为服从正态分布，且在大样本条件下进行中介效应检验。若 a、b 的估计值服从正态分布，则将公式求出来的 z 值与标准正态分布的临近值进行比较，若 z 大于临界值，则说明中介效应存在，反之，则不存在。中介效应的比较和检验主要通过个别中介效应占总体中介效应的比重来进行判断和计算。

最后，中介效应的检验步骤可以概括为：第一，检验系数 c 的显著性，若系数 c 不显著，则不存在中介效应；若系数 c 显著，则进一步检验。第二，依次检验系数 a 和系数 b 的显著性，若两个系数都显著，则继续检验系数 c'，若 c'同样显著，则说明存在中介效应；若系数 c'不显著，则说明存在完全中介效应。若系数 a、b 至少有一个不显著，进行第三步检验。第三，将系数 a、b 的估计值进行 Sobel 法检验，若显著，则模型存在中介效应；若不显著，则模型不存在中介效应。

根据前文的理论分析和模型介绍，本书设立如下中介效应计量模型：

$$lncr_{it} = \alpha_1 + cl\,nsca_{it} + \beta_j ln\,X_{i,\,j,\,t} + u_{it} \tag{6-5}$$

$$lnM_{it} = \alpha_2 + a_i ln\,sca_{it} + \beta_j ln\,X_{i,\,j,\,t} + u_{it} \tag{6-6}$$

$$lncr_{it} = \alpha_3 + b_i ln\,M_i + c'ln\,sca_{it} + \beta_j ln\,X_{i,\,j,\,t} + u_{it} \tag{6-7}$$

其中，$lncr_{it}$ 为被解释变量，表示区域创新能力；$lnsca_{it}$ 为核心解释变量，表示科技服务业发展规模；$ln\,X_{i;\,j,\,t}$ 表示一系列控制变量；u_{it} 表示随机扰动项。

三、变量选取与数据说明

（一）被解释变量：区域创新能力（cr_{it}）。本节同样选取地区专利授权量来表示区域创新能力。一方面，能够保证文章的前后一致性和结果的可比较性；另一方面，实证结果表明用地区专利授权量代表区域创新能力具有理想的代表性和可操作性。

（二）核心解释变量：科技服务业产业规模（sca_{it}）。为保证模型的代表性和可操作性，同样选用单一解释变量衡量科技服务业发展水平。上文选取科技服务业的产业规模、资源投入和信息化程度来表示科技服务业发展水平，其中，回归结果显示科技服务业产业规模是对区域创新能力影响最大的因素。而且，科技服务业增加值是衡量科技服务业发展水平最直接的指标，该值越大表明科技服务业的发展规模越大，在该地区的产业带动以及经济支撑能力越明显；反之，则说明科技服务业的发展水平有待进一步提高。

（三）中介变量：选取地区高等教育在校人数与地区总人数的比值来表示人力资本积累（hum）；选取区位熵来表示产业集聚（qw）；选取科技服务业的多样化溢出表示知识溢出（kno）。

（四）控制变量：为保持研究的整体性与一致性，本章的控制变量与第五章相同。用城镇人口占地区总人口的比重表示城镇化水平（urb）；用地区第二产业增加值与第三产业增加值的比值表示产业结构高级化水平（adv）；用外商直接投资额（fdi）表示地区市场开放程度；用政府一般预算支出占 GDP 比重表示政府财政支持力度（fin）。

具体选取依据以及计算方法与前文相同。以上数据来自《中国统计年鉴》《中国第三产业统计年鉴》《中国科技统计年鉴》《全国技术市场统计公报》《新中国成立六十年统计资料汇编》以及中国国家统计局、国家知识产权局网站，样本空间为 2003—2018 年全国 30 个省、自治区、直辖市（除去西藏自治区，香港、澳门、台湾等地区）。对于个别缺失的数据，本书采用移动平均法进行补齐，以保证数据的完整性，并对数据取对数处理。各变量描述性统计如下：

表 6-1　变量描述性统计

变量	观测值	平均值	最大值	最小值	标准差
lncr	480	4.1549	5.9215	2.9309	2.1016
lnsca	480	2.6925	3.9700	1.5095	3.7311
lnhum	480	-1.7471	-1.3979	-2.4202	1.1152
lnqw	480	0.2911	0.7268	-0.0663	0.7836
lnkno	480	0.4344	0.8533	0.1222	0.6863
lnurb	480	1.7159	1.9960	1.1854	0.9925
lnadv	480	0.0494	0.6693	-0.3804	0.2542
lnfdi	480	4.7949	6.3899	2.4704	2.8122
lnfin	480	-0.5334	-0.1067	-1.1421	0.1873

四、关联机制实证检验结果分析

本节使用全部样本进行回归分析，Hausman 检验显示应当采用固定效应模型，具体检验结果如下表所示，由于篇幅原因，本节只显示基本实证结果。

表 6-2　中介模型实证结果

变量	基准方程		中介方程		总方程
	lncr	lnhum	lnqw	lnkno	lncr
lnsca	0.8325***	0.4814***	0.5032**	0.7473**	0.3125***
	(0.000)	(0.003)	(0.037)	(0.013)	(0.000)
lnhum					0.6256**
					(0.018)
lnqw					0.2316**
					(0.019)

续表

变量	基准方程		中介方程		总方程
	lncr	lnhum	lnqw	lnkno	lncr
lnkno					0.1369*
					(0.081)
lnurb	0.9214**	0.2141***	0.8654*	1.6585	1.2173**
	(0.031)	(0.000)	(0.061)	(0.271)	(0.011)
lnadv	0.3252*	0.6115	1.7543**	0.1411*	0.6573***
	(0.055)	(0.151)	(0.021)	(0.054)	(0.008)
lnfdi	1.7853**	0.7684*	1.3324	0.8251***	0.1513**
	(0.033)	(0.055)	(0.211)	(0.006)	(0.032)
lnfin	1.0113**	0.9213*	0.1441**	0.2771***	0.0213**
	(0.023)	(0.058)	(0.031)	(0.001)	(0.012)
constant	2.3274***	2.5823***	2.1013***	2.5431**	1.5191***
	(0.009)	(0.001)	(0.000)	(0.021)	(0.001)
N	480	480	480	480	480
R^2	0.5337	0.6529	0.4014	0.6573	0.7751

注：括号中为变量估计系数的 p 值；*、**、*** 分别对应着10%、5%、1%的显著性水平。

总体来看，科技服务业发展通过中介变量对区域创新能力起到的中介效应为0.52（0.8325-0.3125），并且根据上文公式构造 t 统计量，发现总体中介效应通过了5%显著性水平的检验。我们进一步发现，回归系数 a、b、c′ 的估计值都显著，且系数 c 的估计值大于 c′，表明科技服务业发展不仅能够直接影响区域创新能力的提升，而且还能通过人力资本积累、产业集聚和知识溢出等途径间接促进区域创新能力的提升，关于间接机制的理论假说得到了数据支持。我们通过观察总方程回归结果发现，科技服务业发展对区域创新能力的直接影响作用小于其间接作用，表示当剔除人力资本积累、产业集聚、知识溢出等机制以后，科技服务业发展对区域创新能力的直接影响效果较小。

具体而言，人力资本积累在科技服务业促进区域创新能力提升过程中发挥的中介效应为 $0.4814 \times 0.6256 = 0.3012$，并且该中介效应的 Soble 检验显示通过 5% 显著性水平的检验。这表明科技服务业发展通过聚集大量高素质、高智力人才进行知识生产活动，在此过程中加快人力资本积累速度，以实现区域创新发展。本书以科技服务业发展势头较好的江苏省为例，截至 2018 年，江苏省全省科技服务业机构总数共 5.5 万家，从业人员数量达到 120 万人，并且吸引数十个中科院、研究所等研究机构落户江苏，进一步加大人才引进力度、提升人力资本积累速度。

产业集聚在科技服务业促进区域创新能力提升过程中发挥的中介效应为 $0.5032 \times 0.2316 = 0.1165$，并且该中介效应的 Soble 检验显示通过 5% 显著性水平的检验。这表明科技服务业通过自身产业集聚以及带动周边产业集群式发展，推动地区产业结构升级，提升科技创新能力。科技服务业集聚不同于其他产业集聚，其具有非常高的正外部性和创新带动性，科技服务业集聚能通过资源共享、技术传播、人才流动等途径加快创新产出，而且产业集聚带来的竞争压力使得不同科技服务企业不断加大创新投入，吸引创新人才，进一步提升区域创新能力。并且，科技服务业能够与制造业等产业形成协同集聚现象，为地区创新发展吸引更多的物质资源、人才资源和科技资源等。

知识溢出在科技服务业促进区域创新能力提升过程中发挥的中介效应为 $0.7473 \times 0.1369 = 0.1023$，并且该中介效应的 Soble 检验显示通过 5% 显著性水平的检验。科技服务业发展具有高的正外部性和交互性，产业集群的核心区域不断向外扩张，伴随着知识、技术等资源向周边产业溢出。当科技服务企业与其他相关企业进行市场合作时，会进一步加深不同创新技术和应用信息的扩散深度，科技服务业的知识溢出过程往往伴随着模仿效应、交流效应、竞争效应和带动效应等，促进周边企业协同创新发展。

我们通过比较人力资本积累、产业集聚与知识溢出的中介效应发现，人力资本积累在科技服务业促进区域创新能力提升过程中发挥的中介效应最大，产业集聚次之，知识溢出的中介效应最小，但产业集聚与知识溢出的中介效应大小差距不大。人力资本积累是科技服务业发展最直接也是最明显的体现之一，科技服务业规模的扩大会不断增加该产业从业人员数量，而科技服务业水平的提升又会进一步对从业人员的素质、知识水平、创新能力提出更高的要求。在科技服务业发展过程中，产业集聚与知识溢出的中介效应存在着一定的滞后性，产业集聚并不是一蹴而就的，而是一个逐渐形成的过程，产业集群式发展需要经历一个量变到质变的过程，并且知识溢出的直接体现并不明显，这主要取决于该地区的创新转化能力与企业技术跟进速度。

第二节 空间关联机制的区域差异

与上一节相同，本节选取京津冀地区、珠三角地区和长三角地区的城市层面数据，对科技服务业影响区域创新能力关联机制的区域差异的存在性进行检验。样本选择与数据来源与上文保持一致，在此不再赘述。具体实证分析如下。

一、京津冀地区

本节使用京津冀13个城市样本进行回归分析，Hausman检验显示应当采用固定效应模型，具体检验结果如表6-3所示。总体来看，在京津冀地区，科技服务业发展水平通过中介变量对区域创新能力起到的中介效应为0.4353，说明京津冀地区科技服务业发展不仅能够直接影响区域创新能力的提升，而且能够通过人力资本积累、产业集聚和知识溢出等途径间接促进区域创新能力提升，并且间接作用较为明显。具体来看，人力资本积累、产业集聚和知识溢出等途径对京津冀地区创新能力提升的中介效应分别为0.2875、0.0904、0.0574，这与第四章案例分析中的结论一致，知识溢出确实受区域不平衡的影响而显得效果较弱。

北京地区作为全国最顶尖的科技人才资源聚集地之一，其科技服务业发展处于全国领先水平，人力资本积累速度也位于全国前列。另外，北京、天津等地科技服务业集聚现象明显，尤其是以北京中关村为中心的高科技产业园区聚集区域，不同种类的知识密集型产业之间进行信息共享、技术交流等活动，以及京津冀一体化进程加快，使得区域创新能力不断提高，科技创新成果转化速度不断加快。但是河北的创新能力与科技服务业发展水平都相对较低，而且面临着各类资源向北京、天津流动的"虹吸现象"。比较三种间接影响作用来看，人力资本积累在京津冀地区，科技服务业促进区域创新能力提升过程发挥的中介效应最大，产业集聚次之，知识溢出的中介效应最小，这与全国层面的中介效应结果基本相同。这说明人力资本积累在京津冀区域创新能力提升中起到最重要的作用，并且北京地区对高科技人才有着完善的引进和培养计划，设立科技人才平台和基地来聚集海内外高层次人才，而河北在现实中面临着人才流失的现象，长此以往不利于京津冀整体区域创新能力的提升。

表6-3　中介模型实证结果

变量	基准方程		中介方程		总方程
	lncr	lnhum	lnqw	lnkno	lncr
lnsca	0.1078**	0.3675***	0.5785***	0.8764**	0.5431***
	(0.021)	(0.001)	(0.007)	(0.033)	(0.000)
lnhum					0.7822***
					(0.008)

续表

变量	基准方程		中介方程		总方程
	lncr	lnhum	lnqw	lnkno	lncr
lnqw					0.1564 *
					(0.084)
lnkno					0.0655 *
					(0.056)
lnurb	0.6754 **	0.4436 **	1.4636 *	0.7653	0.7867 **
	(0.013)	(0.033)	(0.071)	(0.441)	(0.033)
lnadv	0.5521 **	0.4432 *	0.6573 ***	0.1886	1.1135 ***
	(0.022)	(0.055)	(0.001)	(0.158)	(0.001)
lnfdi	0.3525 **	0.6658 **	0.7685 **	0.7765 ***	0.6574 **
	(0.013)	(0.011)	(0.031)	(0.001)	(0.034)
lnfin	0.1124 **	0.5422 *	0.5322 ***	0.4222 *	0.3824 ***
	(0.012)	(0.061)	(0.001)	(0.078)	(0.001)
constant	4.6585 ***	5.6584 ***	5.6583 ***	4.8764 **	4.5575 ***
	(0.001)	(0.001)	(0.000)	(0.024)	(0.000)
N	208	208	208	208	208
R^2	0.6654	0.5577	0.4886	0.5664	0.6564

注：括号中为变量估计系数的 p 值；*、**、***分别对应着10%、5%、1%的显著性水平。

二、珠三角地区

本节使用珠三角地区 9 个城市样本进行回归分析，Hausman 检验显示应当采用固定效应模型，具体检验结果如表 6-4 所示。观察结果可以发现，在珠三角地区，科技服务业发展确实能够通过促进人力资本提升、加快产业集聚、促进知识创新溢出等间接促进区域创新能力提升。珠三角地区科技服务业发展对区域创新能力提升的中介效应为 0.2691，科技服务业

的发展能够为珠三角地区的创新人才提供更好的就业机会，从而为进一步
吸引人才奠定基础。与此同时，珠三角地区科技服务业发展水平提升也为
该地区的企业集群式发展带来技术和知识上的便利，其发展水平越高，对
周边企业以及上下游企业的知识溢出效应越明显。具体来看，人力资本积
累、产业集聚和知识溢出等途径对珠三角地区区域创新能力提升的中介效
应分别为 0.1559、0.0400、0.0732，人力资本积累提升对区域创新能力的
中介效应最大，知识溢出次之，产业集聚最小。

　　相较于其他地区，珠三角最为突出的特征是区域创新发展的"双核
心"，形成了以广州和深圳为核心其他城市为支撑和辅助的区域创新发展
体系。在这个体系中，广州、深圳为科技服务业的"输出端"，负责提供
区域内技术研发、科技转化和生产服务等科技服务业产品，其他地区为
"输入端"，为科技服务业提供产品的转化和技术需求的提出。与此同时，
佛山、东莞部分地区承担着一些软件运维等科技服务业的基础性工作。与
京津冀的虹吸效应显著不同，珠三角地区的虹吸效应并不明显，区域经济
社会发展差异相对不大，这为区域内的知识溢出提供了良好的基础条件。
现实中这种知识与技术溢出也确实存在实例，如在调查中发现，一些游戏
基础程序的开发、美工设计与测试工作都集中于广东和深圳地区，但是很
多游戏运营与管理公司则来自佛山，这种模式在手机游戏与网页游戏中十
分常见。很多游戏公司通过这种软件的转移，部分吸收了软件开发的技术
与人才，使得近几年广东东莞和佛山地区也出现了一些游戏开发工作室。

表 6-4　中介模型实证结果

变量	基准方程		中介方程		总方程
	lncr	lnhum	lnqw	lnkno	lncr
lnsca	0.4813**	0.8721***	0.2816***	0.1381**	0.2122***
	(0.033)	(0.001)	(0.007)	(0.014)	(0.000)
lnhum					0.1788**

续表

变量	基准方程		中介方程		总方程
	lncr	lnhum	lnqw	lnkno	lncr
					(0.018)
lnqw					0.1422*
					(0.054)
lnkno					0.5301**
					(0.015)
lnurb	0.7753***	0.1323**	0.3244*	1.4244	0.6932**
	(0.003)	(0.011)	(0.081)	(0.111)	(0.021)
lnadv	0.1181**	1.3724**	1.3239***	0.3242*	0.2193***
	(0.031)	(0.019)	(0.001)	(0.058)	(0.001)
lnfdi	0.5613**	1.2133	0.1341***	0.5213***	0.6011**
	(0.011)	(0.312)	(0.001)	(0.001)	(0.031)
lnfin	0.2913**	0.7472**	0.6361***	0.6643**	0.1134***
	(0.011)	(0.039)	(0.001)	(0.038)	(0.001)
constant	3.3244***	2.2424***	4.3792***	3.3252**	3.4352***
	(0.001)	(0.001)	(0.000)	(0.024)	(0.000)
N	144	144	144	144	144
R^2	0.7323	0.6563	0.7732	0.5664	0.7851

注：括号中为变量估计系数的 p 值；*、**、***分别对应着10%、5%、1%的显著性水平。

三、长三角地区

本节使用长三角地区 26 个城市样本进行回归分析，Hausman 检验显示应当采用固定效应模型，具体检验结果如表 6-5。我们观察结果可以发现，在长三角地区，科技服务业发展确实能够通过促进人力资本积累、加快产业集聚、促进知识创新溢出等间接促进区域创新能力的提升。长三角地区科技服务业发展对区域创新能力提升的中介效应为 0.5592。具体来看，人力资本积累、产业集聚和知识溢出等途径对长三角地区创新能力提升的中介效应分别为 0.1023、0.4047、0.0522，产业集聚水平提升对区域创新能力的中介效应最大，人力资本水平次之，知识溢出最小。这与第四章案例分析中得出的结论基本一致。

长江三角洲城市群最大的优势特征在于有一个完备的区域创新体系，这个体系有助于科技服务业通过产业集聚的渠道带动区域创新发展。与京津冀的单极化和珠三角地区缺乏体系不同，长三角地区 26 个城市作为一个创新整体共同提升创新能力，并且长三角地区各个城市都有着良好的产业基础，这使得区域内的科技服务业能够与其他高技术产业进行良好对接。与此同时，长三角在以一些互联网巨头公司为龙头的带领下，已经形成了"互联网技术—信息服务—生产服务—实体经济"良性的区域创新体系，实现了技术与产业在地理空间上的同时聚集。这种产业集聚现象能够有效降低交易成本，为信息共享、技术沟通带来了极大便利，也为创新溢出和创新能力提升起到显著的促进作用。例如，以互联网巨头阿里公司为基础依托，提供围绕电商经营的金融、物流和相关电子硬件服务，进而激发了区域内小商品行业（如玩具、轻纺、日用品）生产经营的优势，使得该地区原有的小商品集群更具集聚优势。阿里公司在江浙沪地区的小商品电商经营，就是科技服务业发展带动实体经济集聚，进而带动区域经济增长与传统行业信息化发展的典型案例。

长三角区域创新发展平衡的另一个优势在其有助于资本流向科技服务业（理论模型中的投资门槛弱情形），使得区域内不断出现新的创新增长点。上海市虽然作为长三角地区的核心区域，但是科技服务业并非全部集聚在此，科技服务业对周边城市的虹吸效应也相对较轻。这给了其他区域内城市提升创新能力的机会，尤其是杭州、苏州、南京等城市的科技服务业发展水平也相对较高，对地区经济发展以及区域创新能力提升有着明显的促进作用。近些年来，随着苏州、杭州科技服务业发展的相对成熟，区域内又出现了新一批科技服务业发展较为迅速的城市。以无锡市为例，2018 年，该市线上线下集聚科技服务机构 405 家、科技型企业 2.02 万家、服务产品 3280 个，科技服务业实现收入 1049.3 亿元，并且实现了科技服务业近五年 10% 以上的增长。这种科技服务业发展"新城"的不断涌现，有利于增强区域创新能力发展的长期动力。

表6-5　中介模型实证结果

变量	基准方程		中介方程		总方程
	lncr	lnhum	lnqw	lnkno	lncr
lnsca	1.0213**	0.6428***	0.8841***	0.2141***	0.4621**
	(0.011)	(0.001)	(0.001)	(0.004)	(0.018)
lnhum					0.1592**
					(0.022)
lnqw					0.4578**
					(0.014)
lnkno					0.2438**
					(0.011)
lnurb	0.8842***	1.3144*	0.1214**	0.6432*	0.8432*
	(0.001)	(0.056)	(0.031)	(0.051)	(0.055)
lnadv	0.6005**	0.5473**	0.5464***	1.3111	0.6822***
	(0.041)	(0.012)	(0.000)	(0.118)	(0.001)
lnfdi	0.2151	1.3244	0.5221**	1.0653*	0.2264
	(0.212)	(0.211)	(0.011)	(0.071)	(0.115)
lnfin	0.7632**	0.6373*	0.5731**	0.6642*	0.4421**
	(0.012)	(0.061)	(0.031)	(0.051)	(0.025)
constant	4.7652***	4.7543***	3.7542***	3.5643**	2.7632***
	(0.001)	(0.001)	(0.000)	(0.019)	(0.000)
N	416	416	416	416	416
R2	0.6632	0.6973	0.7843	0.8642	0.8481

注：括号中为变量估计系数的 p 值；*、**、*** 分别对应着 10%、5%、1% 的显著性水平。

四、区域比较分析

从三大城市群的中介效应来看，京津冀城市群和珠三角城市群科技服务业发展通过人力资本积累促进区域创新能力提升的中介效应最大，而长三角地区科技服务业发展通过产业集群促进区域创新能力提升的中介效应最大，人力资本积累次之。这也再次验证了上文中的分析，人才引进和创新效率提升是京津冀和珠三角城市群科技服务业发展促进区域创新能力提升的主要途径，而产业规模扩大和产业布局合理是长三角城市群科技服务业发展促进区域创新能力提升的主要途径。

我们进一步比较分析中国三大城市群科技服务业发展与区域创新能力的作用机制与发展模式，梳理出京津冀、珠三角和长三角城市群各自的机制特点和问题。京津冀地区的科技服务业发展与区域创新能力提升有着明显的政治优势和人才优势，北京作为首都有着其他城市和地区难以比拟的资源优势，截至 2018 年北京市 R&D 人员已经超过 35 万人，并且每万就业人口中研发人员达到 185 人，专利申请量和授权量为 156312 件和 94031 件，均位于全国首位。但是京津冀地区内部发展严重不均衡，产业结构布局严重失调，北京市作为核心区域拥有绝大部分的资源、人才和创新企业，而河北等地的第三产业，尤其是科技服务业发展非常薄弱，并且科技服务企业和其他创新型企业进一步向北京地区集聚，这进一步对周边副中心城市的发展带来负面作用。这与第四章定性分析的直观结果相一致。

珠三角地区的市场化程度较高，创新氛围良好，而且该地区区域创新系统一体化建设初步成形，为科技服务业发展与区域创新能力提升提供了契机。珠三角地区创新企业发展有着领头带动的作用，仅华为单个公司的创新投入和创新产出就远超我国部分省份的投入和产出，但该地区也存在着一些问题。珠三角地区高素质人才较京津冀、长三角地区相对不足，除深圳市以外，珠三角的高等院校数量、在校研究生人数等都相对较少。

长三角地区科技服务业发展水平比较均衡，各个城市之间的产业关联度较高，并且长三角城市群的副中心城市发展水平较高，南京、杭州、合肥、苏州等城市各自形成了初具规模的科技服务产业集群，这不断推进地区创新能力的提升。但是，长三角地区各城市之间存在着产业趋同现象，可能会导致资源浪费、恶性竞争等问题。

第三节　空间关联机制效果的实证研究

区域经济研究视角下，关联机制也包含着区域之间通过关联机制所产生的空间联系。关于人才流动、知识溢出和产业集聚在创新中的作用在已有研究中已被提及，但对上述机制的空间影响研究尚不多见。中介模型可以检验关联机制的存在性，关联机制更强调"关联"，因此，我们需要从区域空间的联系角度对关联机制的效果进行研究。我们在第四章关于空间网络和空间格局的研究中发现，科技服务业对区域创新能力的影响存在着显著的空间相关性，并且根据第四章中莫兰指数的分析，不同地区的莫兰指数正负不同，说明不同地区空间自相关关系也存在差异。对此，接下来在关联机制存在性检验的基础上，我们进一步使用空间滞后模型（SLM）和空间误差模型（SEM）探索关联机制的空间效果。

一、空间计量模型

关联机制的研究前提是变量的空间相关性，即一个区域变量的改变会对其他区域的相关变量产生影响。例如 A 地区创新投资的增加，会对 B 地区创新能力产生影响。第四章空间分布的莫兰指数已经说明了这种影响的存在性，本章参考 Anselin[1] 空间计量模型的理论方法，建立检验关联机制。

空间滞后模型（SLM）的建模思想是，空间内某一区域的变量会存在扩散效果，这种扩散效果与空间距离存在关系：

$$cr_{i,\,t} = \rho W \cdot cr_{i,\,t-1} + \beta_1\, sca_{i,\,t} + \gamma \cdot media + \delta X_{i,\,t} + \varepsilon_{i,\,t} \qquad (6\text{-}8)$$

其中，衡量创新能力的变量因变量与第六章保持一致，W 表示衡量空间关系的距离矩阵，采用因变量一阶滞后项与空间矩阵的积作为空间滞后矩阵，本书使用第四章第三节中的空间临近与经济距离矩阵分别衡量；sca 是反映科技服务业发展的核心变量；media 是第六章中表示人力资本、产业集聚和知识溢出的关联机制的中介变量；X 是控制变量。在解释系数中，ρ 是代表空间效应的系数，是本章关注的重点，这一系数代表通过关联机制所造成的其他区域创新能力的改变。β_1、γ、δ 分别是解释变量的系数，ε 是回归残差。

另一种可能的空间计量模型是空间效应并非存在于历史时期的数据中，而是存在于未被模型解释的扰动项中，这就是所谓的空间误差模型（SEM）。这一模型的思路如式 6-9 和式 6-10 所示：

$$cr_{i,\,t} = \beta_1\, sca_{i,\,t} + \gamma \cdot media + \delta X_{i,\,t} + \varepsilon_{i,\,t} \qquad (6\text{-}9)$$

$$\varepsilon_{i,\,t} = \rho W \cdot \varepsilon_{i,\,t} + \mu_{i,\,t} \qquad (6\text{-}10)$$

其中，ρ 为空间误差系数，其余变量含义与 SLM 模型设定相同。

为了判断 SLM 和 SEM 模型的有效性，我们参考 Anselin[2] 提出的空间依赖性检验方法，利用拉格朗日乘子检验（Lagrange Multiplier test，LM）和稳健拉格朗日乘子检验（robust Lagrange Multiplier test，R-LM）结合的方法，在 SLM 与 SEM 之间进行选择。当 LM（lag）的显著性水平高于 LM（error），且 R-LM（lag）的显著性水平低于 R-LM（error）时，我们则认

① ANSELIN L, KELEJIAN H. Testing for Spatial Error Autocorrelation in the Presence of Endogenous Regressors [J]. International Regional Science Review, 1997, 20: 153-182.

② ANSELIN L, FLORAX R J. New Directions in Spatial Econometrics [M]. Berlin: Springer Verlag, 1995: 212-216.

为 SLM 是更为有效的模型，反之则是 SEM 模型更为有效。

二、实证分析结果

按照本章第三节中的所示模型进行回归，为了保持与上文的一致性，本部分回归对除所有与空间矩阵相关的变量取对数处理外，分别报告利用地理临近矩阵和经济距离矩阵下的模型估计结果（如表 6-6 所示）。

表 6-6　空间计量基本结果

估计方法	模型 1 SLM（地理矩阵）	模型 2 SLM（经济距离）	模型 3 SEM（地理矩阵）	模型 4 SEM（经济距离）
ρ	0.1355***	0.1549**	0.1237**	0.1508**
	(0.006)	(0.014)	(0.019)	(0.025)
lnsca	0.5731***	0.5551***	0.3865***	0.3521***
	(0.000)	(0.000)	(0.001)	(0.001)
lnhum	0.1547***	0.2175***	0.3297**	0.4163**
	(0.007)	(0.007)	(0.018)	(0.022)
lnqw	0.4360**	0.4667***	0.3365**	0.3902**
	(0.012)	(0.006)	(0.024)	(0.031)
lnkno	0.2366**	0.2500**	0.2134*	0.3070*
	(0.045)	(0.042)	(0.070)	(0.083)
constant	3.7983***	4.5699***	4.3171***	4.9548***
	(0.000)	(0.000)	(0.000)	(0.000)
控制变量	是	是	是	是
R2	0.6344	0.6594	0.6308	0.6255

注：括号中为变量估计系数的 p 值；*、**、*** 分别对应着 10%、5%、1% 的显著性水平。

我们根据计量所使用的空间矩阵不同，分别对使用地理临近矩阵和经济距离矩阵的回归进行空间依赖性检验，检验结果如表 6-7 所示。我们从检验结果发现，无论是使用地理临近矩阵还是经济距离矩阵，SEM 都是一种更为有效的方法。

表6-7　空间依赖性诊断结果

统计量	P-value（地理矩阵）	P-value（经济矩阵）
LM（LAG）	0.178	0.111
LM（ERROR）	0.087*	0.055*
R-LM（LAG）	0.049**	0.113
R-LM（ERROR）	0.093*	0.142

注：括号中为变量估计系数的 p 值；*、**、*** 分别对应着10%、5%、1%的显著性水平。

我们根据回归结果分析可以得出关于关联机制空间效应的三点结论：第一，在全国整体水平上，科技服务业的发展会对区域创新能力产生正向的溢出作用。代表空间效应的系数 ρ 均为正，且均在 5% 的水平上显著。结合第六章中介效应存在的实证结果，可以说明科技服务业通过人才流动、产业集聚和知识溢出等关联机制，以企业间区域跨区域的经济活动促进全局的创新能力的提升。第二，相对于地理联系，经济联系对科技服务业关联机制的空间效应更为重要。对比模型 1/2 和模型 3/4，发现无论采用 SLM 模型还是 SEM 模型，利用经济距离矩阵进行回归的系数 ρ 始终大于利用地理矩阵计算的系数。这说明科技服务业对创新能力影响的空间溢出，更多依赖区域间的经济互动，而非单纯的地理联系。这一发现符合当前中国科技服务业受空间限制较小的特征。第三，控制了空间相关性后，人力资本积累、产业集聚和知识溢出的显著性水平、系数的相对大小关系与第六章基本中介模型回归中差异不大，进一步说明科技服务业对区域创新能力影响的关联机制是稳健的。

三、稳健性检验

由于在 SLM 模型中已经控制了滞后项，进行移动平均不再是一个合适的稳健性检验方法，因此，本节选择替换变量的方法对研究进行稳健性检验。与上文保持一致，研究选择新产品产值（lnnew）与全要素生产率（lnTFP）替换 lncr 作为反映区域创新能力的因变量。在模型选择上，根据空间依赖性检验结果，SEM 的模型表现要优于 SLM，我们依然认为 SEM 模型的结果是更为有效的。因此，出于篇幅的简洁性，表 6-8 中仅展示了使用 SEM 进行稳健性检验的回归结果。

表 6-8　稳健性检验

估计方法	模型 5 SEM（地理矩阵）	模型 6 SEM（经济距离）	模型 7 SEM（地理矩阵）	模型 8 SEM（经济距离）
因变量	lnnew	lnnew	lnTFP	lnTFP
ρ	0.8477	0.9691*	2.414***	3.058***
	(0.133)	(0.100)	(0.001)	(0.008)
lnsca	0.2567*	0.2989*	1.0114***	1.2350***
	(0.073)	(0.080)	(0.001)	(0.000)
lnhum	0.3481***	0.3022***	2.0418***	1.9635***
	(0.005)	(0.005)	(0.000)	(0.000)
lnqw	0.1234**	0.1366**	0.9133**	0.9842**
	(0.029)	(0.027)	(0.042)	(0.046)
lnkno	0.7430**	0.8001**	0.0244*	0.0367*
	(0.078)	(0.079)	(0.097)	(0.099)
constant	11.4724***	14.4108***	4.3485***	4.5425***
	(0.000)	(0.000)	(0.001)	(0.001)
控制变量	是	是	是	是
R2	0.7005	0.7254	0.8432	0.8551

注：括号中为变量估计系数的 p 值；*、**、*** 分别对应着 10%、5%、1% 的显著性水平。

表 6-8 中大多数回归结果在系数数值、显著性水平上与基准回归差异

不大，但是在模型 5 中，反映空间效应的系数不显著。一个可能的解释是，科技服务业可能并非实体，新产品的推出往往不受地理空间限制（如服务平台新功能在全网可以同时上线），因此新产品产值作为因变量的地理空间效果不显著。

第四节　空间关联机制效果的区域异质性

上一小节的分析从全国整体水平层面，说明科技服务业发展会通过关联机制对区域创新能力产生正向的空间溢出作用。但是在第四章第三节中局部莫兰指数的分析中，发现并非所有地区在空间分布上都呈现出正向集聚的趋势。与此同时，中国现阶段科技服务业发展阶段区域之间的差异较大，一些地区的科技服务业发展较为滞后，因此，我们需要分别对各个区域之间关联机制空间效应的异质性进行分析。由于地市级层面的创新数据有较多缺失，尤其是在大多数中西部城市，该项数据获取性不强，无法与上文一致进行城市层面的区域异质性分析，因此采用省级层面的数据对关联机制的空间效应的异质性进行分析。

根据《中国统计年鉴》中对区域的划分，研究对东部地区、中部和东北地区、西部地区进行分样本实证，以判断空间效应的异质性。计量方法与上文保持一致，在 SLM 与 SEM 的模型选择上，空间依赖性检验结果支持选择 SEM 模型。回归结果如表 6-9 所示。

表 6-9　关联机制空间效应的 SEM 模型

	东部地区		中部和东北地区		西部地区	
	模型 9（地理矩阵）	模型 10（经济距离）	模型 11（地理矩阵）	模型 12（经济距离）	模型 13（地理矩阵）	模型 14（经济距离）
ρ	0.3910***	0.4703***	0.0280**	0.0511**	-0.0037	-0.0041

续表

	东部地区		中部和东北地区		西部地区	
	模型 9（地理矩阵）	模型 10（经济距离）	模型 11（地理矩阵）	模型 12（经济距离）	模型 13（地理矩阵）	模型 14（经济距离）
	（0.001）	（0.001）	（0.015）	（0.011）	（0.322）	（0.301）
lnsca	1.0379***	1.0918***	0.6023***	0.6588***	0.1431**	0.1947**
	（0.001）	（0.003）	（0.000）	（0.001）	（0.020）	（0.024）
lnhum	0.5724***	0.6038***	0.2481***	0.2797***	0.2630***	0.2663***
	（0.001）	（0.001）	（0.001）	（0.001）	（0.001）	（0.001）
lnqw	0.6531***	0.6709***	0.2558	0.2913	−0.0141	−0.0225
	（0.008）	（0.010）	（0.114）	（0.198）	（0.241）	（0.209）
lnkno	0.7484***	0.7905***	0.3194**	0.3515**	0.0101	0.0138*
	（0.004）	（0.004）	（0.021）	（0.037）	（0.124）	（0.089）
constant	2.5472***	2.3233***	3.0744***	3.0081***	3.4751***	3.9826***
	（0.000）	（0.000）	（0.000）	（0.000）	（0.000）	（0.000）
控制变量	是	是	是	是	是	是
R2	0.6899	0.7040	0.7529	0.7618	0.6520	0.6543

注：括号中为变量估计系数的 p 值；*、**、*** 分别对应着10%、5%、1%的显著性水平。

通过对上表结果的分析，我们发现与第四章对现状的观察一致，中国科技服务业对区域创新能力的影响也存在着巨大的差异。第一，对比空间效应系数，发现自东向西呈现逐渐递减的趋势，且东部地区与其他地区的效应差异巨大，西部地区该系数甚至为负且不显著。这说明现阶段只有东部地区形成了较强的正向溢出，中部和东北地区虽然也存在这种空间效果，但是效应相对东部较弱，西部地区尚未形成这种正向溢出。第二，产业集聚机制只在东部地区有效。这一情况可能的解释是其他地区的产业集聚难以推进技术进步，从而实现产业高级化，这也为理论模型中的"空间门槛机制"提供了一个证据支持。第三，相较于地理联系，所有地区的经济联系都在科技服务业对区域创新能力影响的关联机制中更为重要。这一结论来自大多数以经济距离矩阵计算的系数。我们依然用替换变量的方法进行稳健性检验，采用 lnnew 与 lnTFP 对因变量进行替换，稳健性检验中绝大多数变量在显著性水平、系数符号上与基准回归保持一致，说明上述关于区域差异的结论具有稳健性。

第五节　小结

科技服务业发展不仅能够通过要素配置机制促进区域创新能力的提升，还能够通过人力资本积累、产业集聚、知识溢出等关联途径对区域创新能力提升产生积极作用。因此，本章通过设立中介效应模型，收集相关数据对科技服务业促进区域创新能力的间接效应进行实证检验，并选取科技服务业发展最为成熟的典型区域进行异质性分析。此外，为进一步厘清科技服务业影响区域创新能力的关联机制，本书采用空间滞后模型（SLM）和空间误差模型（SEM），探索关联机制的空间效应，同样进行了异质性检验。主要得到以下结论：

第一，科技服务业发展不仅能够直接影响区域创新能力的提升，而且通过人力资本积累、产业集聚和知识溢出等关联机制间接促进区域创新能力提升，并且科技服务业发展对区域创新能力的直接作用小于其间接作用。

第二，在京津冀、珠三角和长三角地区，科技服务业发展同样能够通过促进人力资本提升、加快产业集聚、促进知识创新溢出等间接促进区域创新能力提升。从三大城市群的中介效应来看，京津冀城市群和珠三角城市群科技服务业发展通过人力资本积累促进区域创新能力提升的中介效应最大，而长三角地区科技服务业发展通过产业集群促进区域创新能力提升的中介效应最大，人力资本积累次之。

第三，科技服务业的发展会对区域创新能力产生正向的溢出作用。这说明科技服务业通过人才流动、产业集聚和知识溢出等关联机制，以企业间区域跨区域的经济活动，促进全局的创新能力的提升。

第四，相对于地理联系，经济联系对科技服务业关联机制的空间效应更为重要。这说明科技服务业对创新能力影响的空间溢出更多依赖区域间的经济互动，而非单纯的地理联系。这一结论在中国所有地区都成立，是科技服务业对中国区域创新能力影响在空间层面的共性特征。

第五，科技服务业对中国区域创新能力影响的关联机制存在较大的区域异质性。东部地区的空间效应较强，中部和东北地区的空间效应相对较弱，西部地区的空间效应影响不显著。这一现象与第四章空间分布特征的发现一致，并且是第三章提出"空间门槛机制"存在的证据，本书将在下一章对这一机制进行更具体的验证。

第七章

科技服务业发展提升区域创新能力
空间门槛机制检验

第一节 实证研究

我们在第四章至第六章的研究中发现，中国科技服务业发展对区域创新能力的影响存在空间差异，尤其是在第六章中发现和检验了关联机制及其空间效应。本章将进一步解释这种空间效应以及异质性产生的原因，第三章理论分析将造成这种差异的原因解释为"门槛效应"。本章将在理论与上述研究结果的基础上，对这种门槛效应进行实证检验。在进行经济现象解释和经济理论分析时，不少学者发现模型构建中的被解释变量与解释变量往往呈现出非线性的关系，门槛模型就是代表之一。本书通过门限模型，对研究所提出的空间门槛机制进行检验。

一、面板门槛模型

在门槛模型中，解释变量在门槛值两侧表现出完全不同的作用效果。传统的门槛分析方法通常依据经验和数据描述性分析，主观地将样本分成不同的区间进行讨论。这种方法存在着较大的误差，由于门槛值是外生主观设定的，不能反映出经济内在机制，也无法得到合理的参数估计值和门槛值的置信区间，也不能有效验证门槛值的显著性。基于此，Hansen 在其一系列原创性论文中发展出新的门槛回归模型。

最简单的两体制门槛回归模型：

$$y_i = x'_i \beta_1 + \varepsilon_i, \ q_i \leqslant \gamma \tag{7-1}$$

$$y_i = x'_i \beta_2 + \varepsilon_i, \ q_i \geqslant \gamma \tag{7-2}$$

其中，y_i 是被解释变量，x'_i 是解释变量，q_i 是门槛变量。定义 $d_i(\gamma) = (q_i \leqslant \gamma)$，则上述模型可以表示为：

$$y_i = x'_i \, d_i(\gamma) \, \theta + \varepsilon_i, \ \varepsilon_i \sim iid(0, \ \sigma_i^2) \tag{7-3}$$

各参数估计值可以通过求残差平方和 $S_1(\gamma) = \varepsilon_i(\gamma)' \varepsilon_i(\gamma)$ 得到，最优门槛值可以通过最小化 $S_1(\gamma)$ 求得。

随后，对门槛模型进行显著性检验。不存在门槛值的零假设为 $H_0 : \beta_1 = \beta_2$，同时构造 LM 统计量进行统计检验。若 $\beta_1 = \beta_2$，则原假设成立，不存在门槛效果；反之，则存在门槛效应。最后，若存在门槛效应，则进一步确定门槛值的置信区间。

面板门槛模型估计的具体步骤可以简要概括为：（1）检验各变量的平稳性，保证数据平稳；（2）对各个解释变量进行内生性检验；（3）计算门槛值并检验其显著性；（4）若存在门槛效应，则进一步估计门槛值的置信区间。

根据上文模型介绍，本书建立如下门槛面板估计模型：

$$ln \, cr_{it} = \beta_0 + \beta_1 lnsca_{it} + \beta_2 ln \, sca_{it} I(Z_{it} < \gamma_1) + \beta_3 ln \, sca_{it}$$
$$I(\gamma_1 \leqslant IPR_{it} < \gamma_2) + \cdots + \beta_{n+2} ln \, sca_{it} I(Z_{it} \geqslant \gamma_n)$$
$$+ \sum \beta_i Control + \varepsilon_{it} + u_i + \omega_t \tag{7-4}$$

其中，cr_{it} 为被解释变量，表示区域创新能力；sca_{it} 为核心解释变量，表示科技服务业发展水平；Z_{it} 为门槛变量，表示知识产权保护程度、人才流动水平与市场发育程度；$\sum \beta_i Control$ 表示一系列控制变量；ε_{it} 为随机扰动项；u_i 为个体效应；ω_t 为时间效应。

二、变量选取与数据说明

（一）被解释变量：区域创新能力（cr_{it}）。本节同样选取地区专利授权量来表示区域创新能力。一方面，能够保证论文的前后一致性和结果的可比较性；另一方面，实证结果表明用地区专利授权量代表区域创新能力具有理想的代表性和可操作性。

（二）核心解释变量：科技服务业发展规模（sca_{it}）。选取科技服务业增加值来表示地区科技服务业产业发展规模。

（三）门槛变量：知识产权保护程度（IPR_{it}）。已有研究发现，知识产权保护程度能够对区域创新能力产生显著的影响。一方面，知识产权保护程度的提高能够促进企业进出口种类、扩大进出口规模以及提升产品质量以促进创新；另一方面，当知识产权保护程度过低时会打击企业创新的积极性，但当知识产权保护程度过高时又会抑制技术和创新的溢出。因此，本书借鉴李勃昕等，选取选择技术市场交易额与 GDP 的比值来表示区域知识产权保护程度，指标数值越大，说明该地区知识产权保护越强。知识产权保护程度的提高能够保证企业创新成果的合法收益，提高其创新的积极性，促进地区技术进步和产业发展，但也在一定程度上阻止了技术传播和创新溢出。尤其是对于刚刚起步的公司而言，知识产权保护程度的提升使得模仿困难，只能增加研发投入，但由于人才、资金和设备的缺乏，研发效率难以提升。这再次验证了选取该门槛变量的有效性。

人才流动水平（TF_{it}）。人才流动是促进区域创新能力的重要因素，也是影响科技服务业发展的关键变量。若某一地区的人才流入水平较高，会在该区域形成人才集聚，加速该地区的知识溢出与技术创新。基于此，本书根据楚尔鸣和曹策①，构造人才区位熵来衡量地区的人才流动水平。

---

① 楚尔鸣，曹策. 人才流动缩小了区域经济差距吗？——来自技术转移的经验证据［J］. 财经科学，2019（9）：99-112.

计算公式为：

$$TF_{it} = \frac{T_{it} / L_{it}}{\sum_{i=1}^{n} T_{it} / \sum_{i=1}^{n} L_{it}} \qquad (7-5)$$

其中，T_{it} 表示地区就业人口中大专及以上学历人数，L_{it} 表示该地区全部就业人数，$\sum_{i=1}^{n} T_{it}$ 表示全国就业人口中大专及以上学历人数，$\sum_{i=1}^{n} L_{it}$ 表示全国总就业人数。

市场发育程度（MAR_{it}）。市场环境对产业发展至关重要，尤其对科技服务业这一类高附加值、现代化的服务业。良好的市场环境有利于人才、资本、技术的自由流动，能够高效率地进行资源配置，从而增强科技服务业对区域创新能力的促进效果。基于此，本书选取樊纲等编制的《中国分省份市场化指数报告》来衡量各地区市场发育程度。

（四）控制变量：为了保证研究结果的无偏性，选取城镇化水平（urb）表示区域创新能力发展的社会基础，用城镇人口占地区总人口的比重表示；选取产业结构高级化水平（adv）表示区域创新能力提升的产业结构影响，用地区第二产业增加值与第三产业增加值的比值表示；选取外商直接投资（fdi）表示区域创新能力发展的市场环境，用地方外商直接投资额表示；选取政府一般预算支出占 GDP 比重表示政府财政支持力度（fin）。

数据来自《中国统计年鉴》《中国第三产业统计年鉴》《中国科技统计年鉴》《全国技术市场统计公报》《新中国六十年统计资料汇编》以及中国国家统计局、国家知识产权局网站，样本空间为 2003—2018 年全国30 个省、自治区、直辖市（除去西藏自治区，香港、澳门、台湾等地区）。对于个别缺失的数据，本书采用移动平均法进行补齐，以保证数据的完整性，并删除数据缺失严重的样本，对数据取对数处理。各变量描述性统计如表 7-1：

表 7-1　变量描述性统计

变量	观测值	平均值	最大值	最小值	标准差
lncr	480	4.1549	5.9215	2.9309	2.1016
lnsca	480	2.6925	3.9700	1.5095	3.7311
lnIPR	480	-2.0409	-0.8124	-3.0000	0.7483
lnTF	480	0.079181	0.740363	-1.52288	0.2134
lnMAR	480	0.770852	1.049218	-0.48149	0.1834
lnurb	480	1.7159	1.9960	1.1854	0.9925
lnadv	480	0.0494	0.6693	-0.3804	0.2542
lnfdi	480	4.7949	6.3899	2.4704	2.8122
lnfin	480	-0.5334	-0.1067	-1.1421	0.1873

第二节　知识产权保护影响的门槛效应

首先，在进行实证检验之前，为保证模型估计不会受到时间趋势的影响，本书对选取的指标数据进行平稳性检验，LLC 方法和 Breitung t-stat 方法，以及假设存在异质面板单位根的 IPS 方法、ADF-Fisher 方法等面板单位根检验结果均显示所有指标数据都是一阶平稳的。进一步协整检验发现，本书选取的各变量之间存在长期稳定均衡关系，不存在伪回归现象。

其次，本书运用 stata14.0 对模型门槛值进行估计和显著性检验。为了能够准确找出模型门槛值大小，确定门槛模型的具体形式，我们分别在单一门槛值、双重门槛值和三重门槛值情形下估计和检验，表 7-2 是具体的估计结果。该估计结果是借助"自举法"重叠模拟似然比，对各统计量分别模拟检验 300 次得到 F 统计量和 P 值，结果显示单一门槛模型通过 5% 的显著性水平检验，P 值为 0.027，门槛值为 0.0025，并且进一步检验双重门槛模型和三重门槛模型，发现均不显著，再次验证存在单一门槛值的估计结果。

表7-2 门槛值估计结果

门槛类型	门槛值	F 值	P 值
单一门槛	0.0025	26.58**	0.027
双重门槛	0.0086	18.95	0.114
三重门槛	0.018	8.78	0.681

注：P 值和临界值均采用"自举法（Bootstrap）"反复抽样 300 次得到；*、**、***分别对应着10%、5%、1%的显著性水平。

最后，根据上述回归结果对数据进行单一门槛模型估计，具体估计结果如表7-3 所示，其中模型 1 为基准回归模型，模型 2 和模型 3 为稳健性检验模型。模型存在单一的门槛值 0.0025，即当知识产权保护程度低于0.0025 时会与高于该门槛值的区域创新能力呈现出不同的作用模式。观察回归结果可以看出，当知识产权保护程度低于门槛值时，科技服务业发展对区域创新能力的提升起到促进作用，而当知识产权保护程度高于门槛值时，科技服务业发展对区域创新能力的提升的促进效果消失，甚至出现抑制的作用。当地区知识产权保护程度由较低的水平逐渐提高至门槛值时，科技服务业的发展对区域创新能力提升起到的促进作用也越发显著。知识产权保护程度过低对整个技术创新产业以及区域创新发展都会造成不利影响，知识产区保护体系不完整、司法保护程度弱、执法力度不严等因素会导致盗版产业兴起、侵权行为频繁发生，被侵权的公司或者个人在维护自身合法权益时通常面临诉讼成本高、诉讼时间长以及侵权行为鉴定困难等困境，等到维权行为完成时也会出现错失市场的现象，这种知识产权保护程度会极大打击企业的创新行为和创新投入。科技服务业作为区域创新能力提升的主要引领产业，创新投入是其最主要的资源投入，若知识产权保护程度过低，科技服务业的创新投入不能够得到理想的利益回报，将会逐渐减少创新投入和创新活动，从而对区域创新能力提升带来不利影响。

表 7-3　门槛面板回归结果

变量	模型 1	模型 2	模型 3	模型 4
	lncr	lncr	lnnew	lnTFP
lnsca （lnIPR<threshold）	0.8322**	0.8032***	1.4352***	0.0426***
	（0.016）	（0.001）	（0.001）	（0.008）
lnsca （lnIPR≥threshold）	−0.3923***	−0.3232***	−0.4421**	0.0070
	（0.001）	（0.001）	（0.022）	（0.233）
constant	2.7119**	1.5216**	1.6533***	0.7844***
	（0.012）	（0.041）	（0.001）	（0.000）
控制变量	是	是	是	是
N	480	420	480	480
R2	0.6743	0.6112	0.7213	0.8864

注：括号中为变量估计系数的 p 值；*、**、***分别对应着10%、5%、1%的显著性水平。

　　如上所述，知识产权保护程度较低带来创新溢出作用远不能弥补其对区域创新能力纵向提升的抑制作用。因此，对于一些未达到知识产权保护程度门槛值的地区而言，应当进一步完善知识产权保护制度，提高司法保护程度，并加大执法力度和惩罚力度，切实保障以科技服务业为代表的知识密集型产业的创新发展，从而促进区域创新能力的进一步提升。当地区知识产权保护程度不断增强直至超过门槛值时，科技服务业的发展对区域创新能力便起到一定的抑制作用。确定合适的知识产权保护程度一直是困扰社会各界的问题。不少学者发现，过高的知识产权保护程度可能对知识密集型产业发展以及区域创新能力提升起到负面作用。知识产权保护程度过高带来的抑制作用对科技服务业而言尤为甚之。科技服务业通过提供技术和知识与其他产业建立密切关系，其在创新活动延伸和市场拓展过程中，往往会伴随着技术转移和创新溢出，而周边企业也会借此契机以较低的成本迅速完成技术跟进和创新模仿，从而对区域创新能力的整体提升起到促进作用。但当知识产权保护程度过高时，这种横向的创新扩散路径就会受到一定程度的阻碍，会增加周边企业的创新成本，这对于中小企业而言尤甚，不少企业会因无法跟随市场的创新需求而逐渐退出。

因此，各地区也不能一味地追求高强度的知识产权保护，应当根据自身区域创新环境、经济社会现状，因地制宜地确定知识产权保护程度，合理制定知识产权保护体系，而且根据不同行业的性质灵活运用经济手段、行政手段、司法手段等在保证企业创新积极性的同时，使区域创新能力得到进一步提升。

此外，各控制变量的系数符号也符合预期。城镇化的发展让更多的农村劳动力进入城镇，参与更加专业的社会分工，提升自身技能和素质，并且使得越来越多的农村子女转移到城市中来，对地区教育水平的提高起到积极作用，进而为地区创新研发奠定人才基础。高级化的产业结构水平高表明存在更多的高新技术产业和知识密集型产业，为区域创新发展提供推动力。外商直接投资水平也能显著促进区域创新能力的提升，一方面，外商直接投资额越多表明该地区市场开放程度越高，创新创业氛围越良好；另一方面，来自发达国家或者先进企业的直接投资会带来先进的技术和管理经验，若该地区创新转换能力较强，则会短时间内完成技术学习与跟进，完成区域创新能力的提升。政府财政支持力度越大，越有利于科技服务业迅速发展。

利用区域专利授权数量作为被解释变量，对科技服务业发展对区域创新能力的影响效果进行了门槛效应检验。研究发现，知识产权保护程度由较低水平逐渐升高，科技服务业发展会不断促进区域创新能力的提升，而当知识产权保护程度高于门槛值时，科技服务业发展对区域创新能力提升的促进效果消失，甚至出现抑制的作用。然而，我们仅仅依靠上述模型就得出这样的结论，这个结论存在着较大的不确定性。基于此，为了保证结果的稳健性，与第五章、第六章的回归保持一致，本书采取移动平均处理和更换被解释变量来进行稳健性检验。模型 2 是将 2003—2018 年全国 30

个省份、自治区、直辖市数据进行3次移动平均处理后对模型进行的重新估计结果；模型3是利用新产品产值来代替专利授权量的模型估计结果；模型4是关于TFP为因变量的检验。除了模型4关于全要素生产率的门槛以下的影响效果不显著以外，大多数稳健性检验均表明当知识产权保护程度低于门槛值时会与高于该门槛值的区域创新能力呈现出不同的作用模式，这表明了回归结果的稳健性，并再次验证了本书的结论。

第三节　人才流动影响的门槛效应

本节将人才流动作为门槛变量检验科技服务业在不同人才流动水平下，其对区域创新能力的影响有何不同。首先，我们同样分别在单一门槛值、双重门槛值和三重门槛值情形下估计和检验，表7-4是具体估计结果。结果显示单一门槛模型通过1%的显著性水平检验，P值为0.007，门槛值为0.0892。

表7-4　门槛值估计结果

门槛类型	门槛值	F值	P值
单一门槛	0.0892	18.42***	0.007
双重门槛	0.1003	5.22	0.211
三重门槛	0.0653	2.13	0.581

注：P值和临界值均采用"自举法（Bootstrap）"反复抽样300次得到；*、**、***分别对应着10%、5%、1%的显著性水平。

接下来，我们根据上述回归结果对数据进行单一门槛模型估计，具体估计结果如表7-5所示，其中模型1为基准回归模型，模型2和模型3为稳健性检验模型。模型1的结果显示，科技服务业与区域创新能力之间存在着显著的人才流动门槛效应，当人才区位熵小于门槛值时，样本处于低人才流动区间；当人才区位熵高于门槛值时，样本处于高人才流动区间。具体来看，在低人才流动区间，科技服务业对区域创新能力提升产生显著的消极影响；而在高人才流动区间，其对区域创新能力的提升带来显著的促进效应。人才流动是科技服务业促进区域创新能力提升的重要手段与途径，一方面，创新型人才、技术型人才在不同产业、不同部门、不同区域间的流动大大加速了知识溢出和技术传播，使得周边的产业能够迅速而低成本地实现技术跟进，能够不断学习新的技术和管理经验，提高自身的创新能力和生产效率；另一方面，人才的自由流动是区域间实现资源高效配置的重要体现。现阶段，人才是企业创新的核心要素之一，各个企业、地区都在进行如火如荼的"抢人"战略，人才只有能够自由流动，才能使其得到最高效的配置，发挥其最大生产力。此外，人才流动能够形成人才集聚，本书使用人才区位熵衡量人才流动水平，人才流动水平高的地区自然能够吸引大量的人才，形成人才集聚，为区域创新能力发展奠定人才基础。创新型人才对科技服务业的发展尤为重要，也是决定其促进区域创新能力的关键所在。这也能很好地解释实证结果，当位于低人才流动区间时，科技服务业对区域创新能力产生负面影响。在低人才流动区间，人才区位熵较低，意味着人才集聚程度低，人才外流严重，此时不利于科技服务业的发展，没有良好的人才基础，一味地发展科技服务产业并不能对区域创新能力提升带来正向影响，反而会对其起到抑制作用。因此，对一些人才流失严重、人才基础薄弱的地区，首先要做的是提高这些地区吸引人才的能力，加大人才引进力度，从而为科技服务业的发展奠定基础。

此外，各控制变量的符号也基本符合预期，在此不再赘述。另外，为了保证结果的稳健性，本节采取的稳健性检验方法与上一小节一致。稳健性检验均表明科技服务业在低人才流动区间，会对区域创新能力产生负面影响，但随着人才流动水平的提高，最终会促进区域创新能力的提升，这表明了回归结果的稳健性，并再次验证了本书的结论。

表7-5　门槛面板回归结果

变量	模型1	模型2	模型3	模型4
	lncr	lncr	lnnew	lnTFP
lnsca （lnTF<threshold）	−0.1334***	−0.2911***	−0.2199**	−0.0776***
	（0.006）	（0.001）	（0.026）	（0.001）
lnsca （lnTF≥threshold）	1.1331**	0.7221***	1.9112***	0.2480***
	（0.031）	（0.001）	（0.001）	（0.001）
constant	1.3794***	1.2911**	2.1331***	1.1159***
	（0.002）	（0.021）	（0.001）	（0.000）
控制变量	是	是	是	是
N	480	420	480	480
R2	0.5892	0.5021	0.6621	0.7381

注：括号中为变量估计系数的 p 值；*、**、***分别对应着10%、5%、1%的显著性水平。

第四节　市场发育程度影响的门槛效应

本节将市场发育程度作为门槛变量检验科技服务业在市场化水平下，其对区域创新能力的影响有何不同。同样分别在单一门槛值、双重门槛值和三重门槛值情形下估计和检验，表7-6是具体估计结果。结果显示单一门槛模型、双重门槛模型均通过1%的显著性水平检验，门槛值分别为0.4332和0.8213。

表 7-6 门槛值估计结果

门槛类型	门槛值	F 值	P 值
单一门槛	0.4332	34.32***	0.001
双重门槛	0.8213	28.31***	0.001
三重门槛	0.8653	8.63	0.319

注：P 值和临界值均采用"自举法（Bootstrap）"反复抽样 300 次得到；*、**、***分别对应着 10%、5%、1%的显著性水平。

我们根据上述回归结果对数据进行双重门槛模型估计，具体估计结果如表 7-7 所示，其中模型 1 为基准回归模型，模型 2 和模型 3 为稳健性检验模型。模型 1 的结果显示，当市场发育程度低于第一个门槛值时，科技服务业对区域创新能力的促进作用并不显著；当市场发育程度高于第一个门槛值且低于第二个门槛值时，科技服务业对区域创新能力的促进作用逐渐增强，且显著性水平提高；当市场发育程度高于第二个门槛值时，科技服务业对区域创新能力的促进作用最强，且显著性水平最高。也就是说，随着市场发育程度的不断提高，科技服务对区域创新能力的促进效果呈现出跳跃式的增长。市场发育程度高的地区，其法治建设完善，能够很好地保护企业合法权益，为产业健康有序发展提供保障；市场发育程度较高的地区同样有着完善的要素市场和适度政府干预，完善的要素市场使得资本、人才等生产要素能够自由流动，在产业、部门之间得到高效配置，而良好政府与市场关系能够为科技服务业发展提供广阔的发展空间。此外，民营经济的繁荣发展也是市场发育程度高的一个重要特征，民营经济迅速发展代表着市场活力的提升，科技服务业作为现代服务产业之一，民营经济占据相当大的比重。因此，市场发育程度的不断提高，不仅有利于科技服务业的发展，而且能增强其对区域创新能力的促进效果。各控制变量的符号也基本符合预期。为了保证结果的稳健性，本节同样采取移动平均处理（模型 2）和更换被解释变量（模型 3、4）来进行稳健性检验。稳健性检验均表明随着市场发育程度的不断提高，科技服务业对区域创新能力的促进效果呈现出非线性的增长关系，由低市场发育程度区间到高市场发育程度区间，其促进效果不断明显。这表明了回归结果的稳健性，并再次验证了本书的结论。

表 7-7　门槛面板回归结果

变量	模型 1	模型 2	模型 3	模型 4
	lncr	lncr	lnnew	lnTFP
lnsca	0.2611	0.2881	0.1811	0.0004*
(lnMAR<threshold_ 1)	(0.271)	(0.331)	(0.133)	(0.098)
Lnsca	0.8211**	0.7991**	1.0139**	0.3057*
(threshold_ 1≤lnMAR <threshold_ 2)	(0.041)	(0.022)	(0.036)	(0.084)
lnsca	1.1233***	1.0109***	1.2721***	0.7652*
(lnMAR≥threshold_ 2)	(0.001)	(0.002)	(0.001)	(0.067)
constant	2.8121***	2.9911**	2.3281***	1.0579***
	(0.001)	(0.033)	(0.001)	(0.001)
控制变量	是	是	是	是
N	480	420	480	480
R2	0.6671	0.7764	0.7753	0.8098

注：括号中为变量估计系数的 p 值；*、**、***分别对应着10%、5%、1%的显著性水平。

第五节　小结

我们从第四章的空间格局和第六章的空间效应分析发现了"空间门槛"机制的效果，科技服务业对区域创新能力影响的空间门槛机制是造成区域差异的重要原因。科技服务业对区域创新能力的促进效果会受其他变量的门槛效应影响，根据上文理论分析，本章分别选取知识产权保护、人才流动和市场发育程度作为门槛变量，并选取相应的指标构造面板门槛模型进行实证分析。主要结论如下：

第一，科技服务业对区域创新能力的促进效果会受知识产权保护的单一门槛效应影响。当知识产权保护程度低于门槛值时，科技服务业发展会对区域创新能力的提升起到促进作用；当知识产权保护程度高于门槛值时，科技服务业发展对区域创新能力提升的促进作用消失，甚至会出现抑制的作用。

第二，科技服务业对区域创新能力的促进效果受人才流动的单一门槛效应影响。在低人才流动区间，科技服务业对区域创新能力提升产生显著的消极影响；在高人才流动区间，其对区域创新能力的提升带来显著的促进效应。

第三，科技服务业对区域创新能力的促进效果受市场发育程度的双重门槛效应影响。随着市场发育程度的不断提高，科技服务业对区域创新能力的促进效果呈现出非线性的增长关系。

第八章

结论与对策建议

科技服务业是当前中高端服务业中发展态势最为迅猛、最具发展潜力的代表性部门之一，科技服务业的发展对提升区域创新能力具有重要意义。因此，本书的研究将视角集中于科技服务业对区域创新能力的影响上。本书通过理论经济学、演化经济地理和计量经济学等研究范式进行深入分析，研究内容主要可以总结为以下三个方面：第一，科技服务业对区域创新能力影响机制的理论分析。本书的研究在现有文献的基础上，首先，提出科技服务业对区域创新能力影响可能的要素配置机制、关联机制，侧重分析区域空间经济视角下科技服务业发展与创新能力的影响与作用机制。其次，本书的研究提出科技服务业对区域创新能力影响存在非线性关系的门槛机制假说，并分析了现实中可能导致这种门槛效应的现实因素。第二，中国科技服务业对区域创新能力影响的现状、空间分布特征与演化规律。基于理论分析基础，本书结合演化经济地理的研究范式，分别从发展现状、空间网络和空间格局层面研究了中国科技服务业与区域创新能力的关系。本部分的定性分析从现实情况层面印证了科技服务业发展对区域创新能力影响的理论假说，并且我们发现了中国科技服务业对区域创新能力影响的"核心—边缘"分布格局和区域异质性等特征规律。第三，中国科技服务业发展对区域创新能力提升的效果检验。在理论分析与定性分析的基础上，研究通过计量经济学方法定量地验证科技服务业对区域创新能力的影响效果与相关机制。结合定性分析中发展的区域异质性特征，我们通过不同区域的计量实证结果的比较，从数量关系上验证了科技服务业对区域创新能力影响的区域异质性。

第一节 主要结论

本书关于科技服务业对区域创新能力影响问题的研究结论可以总结为以下四个方面：

第一，科技服务业对区域创新能力产生影响的要素配置机制。科技服务业本身就是区域创新能力的重要组成部分，科技服务业发展会通过要素投入规模与产出效率，直接影响区域创新能力，这是科技服务业对区域创新能力影响最微观、最基础的机制。要素配置机制主要通过两个渠道发挥作用：一是全要素生产率渠道，包括高新技术企业成长与资源配置效率改善；二是研发成本的降低。

在理论研究和定量研究的基础上，我们对要素配置机制进行实证检验，研究采用 2003—2018 年全国 30 个省、自治区、直辖市（除去西藏自治区，香港、澳门、台湾等地区）的省级面板数据进行实证分析，实证结果表明：（1）在以全要素生产率（TFP）为因变量的回归中，反映科技服务业的产业规模、资源投入和信息化程度的变量系数均为正，且都在至少10% 水平上显著，这表明科技服务业发展能够对中国区域生产效率提升起到显著的促进作用。（2）科技服务业对区域研发成本的影响。我们从回归结果可以发现科技服务业产业规模、资源投入对降低研发成本的促进效果显著，但科技服务业信息化程度对其促进效果并不显著。造成信息化水平不显著可能的原因是，现阶段中国科技服务业的信息化水平整体较低，对研发效率提升仍发挥辅助作用，因此对研发成本的降低效应不显著。

第二，科技服务业对区域创新能力产生影响的关联机制。科技服务业企业还会在人才培育、资本投入以及与区域内、区域间企业产生联系的过程中，间接促成人力资本的积累、产业的集聚和知识的溢出，进而长期为区域创新能力的提升创造条件。本书依旧采用省级面板数据，通过构建中介模型的方式对三种间接渠道分别进行检验，中介模型结果表明：（1）总体来看，科技服务业发展通过中介变量对区域创新能力起到的中介效应为 0.52，在总效应中占比为 62.46%，说明间接机制是科技服务业影响区域创新能力的重要渠道。（2）人力资本积累渠道。代表人力资本积累的变量中介效应数值为 0.3012，且该变量通过 5%显著性水平的检验，表明科技服务业发展通过聚集大量高素质、高智力人才进行知识生产活动，在此过程中加快人力资本积累速度，以实现区域创新发展。（3）产业集聚渠道。产业集聚在科技服务业促进区域创新能力提升过程中发挥的中介效应参数为 0.1165，并且该中介效应的 Soble 检验显示通过 5%显著性水平的检验。这表明科技服务业通过自身产业集聚来带动周边产业集群式发展，推动地区产业结构升级，提升科技创新能力。（4）知识溢出渠道。知识溢出在科技服务业促进区域创新能力提升过程中发挥的中介效应参数为 0.1023，并且该中介效应的 Soble 检验显示通过 5%显著性水平的检验。科技服务业发展具有高的正外部性和交互性，产业集群的核心区域不断向外扩张，伴随着知识、技术等资源向周边产业溢出。科技服务企业与其他相关企业进行市场合作，会进一步加深不同创新技术和应用信息的扩散深度，并且科技服务业的知识溢出过程往往伴随着模仿效应、交流效应、竞争效应和带动效应等，促进周边企业协同创新发展。（5）三种间接途径影响效果的比较。我们通过比较人力资本积累、产业集聚与知识溢出的中介效应可以发现，人力资本积累在科技服务业促进区域创新能力提升过程中发挥的中介效应最大，产业集聚次之，知识溢出的中介效应最小，但产业集聚与知识溢出的中介效应大小差距不大。

我们从第四章的空间格局和第六章的空间效应分析发现了"空间门槛"机制的效果，科技服务业对区域创新能力影响的空间门槛机制是造成区域差异的重要原因。科技服务业对区域创新能力的促进效果会受其他变量的门槛效应影响，根据上文理论分析，本章分别选取知识产权保护、人才流动和市场发育程度作为门槛变量，并选取相应的指标构造面板门槛模型进行实证分析。

第三，科技服务业对区域创新能力影响的区域异质性与模式多元性。一方面，中国科技服务业对区域创新能力的影响效果在东部与中西部之间存在着明显的差异性，在空间上呈现出典型的"核心—边缘"格局特征。通过第四章演化经济地理分析发现，中国东部沿海地区已经形成科技服务业对区域创新能力正向影响的良好生态，是中国科技服务业与创新能力发展的核心区域，但是中西部地区存在着"低科技服务业发展水平，低区域创新能力""L-L分布"的低水平循环，边缘地区科技服务业对区域创新能力的促进作用缓慢。另一方面，在科技服务业对区域创新能力正向作用较强的地区，科技服务业对区域创新能力的影响模式呈现出多元性的特征。京津冀、珠三角和长三角城市群是我国科技服务业发展和区域创新能力提升最具活力的地区。第四章空间网络分析发现这三个地区科技服务业影响区域创新能力的空间效果存在差异。

在此基础上，第五章至第七章的实证研究部分对区域异质性进行分析。区域异质性分析结果表明，中国科技服务业对区域创新能力的影响在东部地区、中部和东北地区、西部地区之间存在差异。不仅如此，即使在科技服务业比较发达的东部地区，京津冀、珠三角、长三角地区的科技服务业对区域创新能力的影响也存在区域差异。

第四，科技服务业对区域创新能力影响的门槛机制。第三章构建了一个包含科技服务业企业和非科技服务业企业两类主体的模型，刻画科技服务业发展对区域创新能力的影响。根据数理模型推导，本书认为并非处于任何发展程度、任何成长阶段的科技服务业都会提升区域创新能力，进而带动科技发展，科技服务业对区域创新能力的影响存在门槛机制或"门槛效应"。结合理论模型与现实情况，本书认为制度环境、市场发育和人才流动可能是导致门槛效应出现的重要因素。第四章演化经济地理分析发现，东部地区科技服务业对区域创新能力的正向影响向中西部地区扩散较为缓慢，且这种扩散与区域间经济临近关系有着密切联系，这说明了门槛效应的现实存在性。出于数据可得性与度量的精确性，第七章分别采用知识产权保护程度、人才区位熵和市场化指数作为反映制度环境、人才流动和市场发育门槛的度量变量。我们采用 2003—2018 年全国 30 个省、自治区、直辖市（除去西藏自治区，香港、澳门、台湾等地区）的省级面板数据，对模型中提出的"门槛效应"进行实证检验。计量实证结果发现：（1）知识产权保护的门槛效应呈现出"先促进后抑制"的特征，说明随着制度环境的逐步完善，科技服务业对区域创新能力的促进作用逐渐显著。但是，当知识产权保护过于严苛时，知识溢出效应发挥会受到政策阻碍，反而不利于科技服务业对区域创新能力发挥正面影响。（2）科技服务业与区域创新能力之间存在着显著的人才流动门槛效应。在低人才流动区间，科技服务业对区域创新能力提升产生显著的消极影响；在高人才流动区间，其对区域创新能力的提升带来显著的促进效应。（3）市场发育程度的门槛效应呈现出三阶段"跳跃式"特征。回归结果显示，当市场发育程度低于第一个门槛值时，科技服务业对区域创新能力的促进作用并不显著；当市场发育程度高于第一个门槛值且低于第二个门槛值时，科技服务业对区域创新能力的促进作用逐渐增强，且显著性水平提高；当市场发育程度高于第二个门槛值时，科技服务业对区域创新能力的促进作用最强，且显著性水平最高。也就是说，随着市场发育程度的不断提高，科技服务业对区域创新能力的促进效果呈现出跳跃式的增长。

第二节　对策建议

基于研究中发现的问题和主要结论，本书对科技服务业对区域创新能力的正向作用提出以下建议。

一、培育区域科技服务业发展良性生态

关于要素配置机制与关联机制的理论与实证研究表明，科技服务业发展在总体上对区域创新能力提升起到促进作用。这些促进作用不仅来自技术水平的提升，还来自人才、资本等其他要素的数量与质量提升。因此，科技服务业对区域创新能力积极影响的发挥需要人力资源、资本集聚、金融服务和实体经济基础等多种因素的配合。与此同时，实证研究发现，科技服务业信息化程度对其促进效果并不显著。造成这一问题的主要原因是，科技服务业信息化水平片面提升却被其他要素水平"木桶短板"制约着，无法通过要素间的互相配合实现研发成本的降低。这就要求在发展科技服务业的同时，重视与科技服务业相关的产业生态建设。关于科技服务业相关生态建设，针对科技服务业发展现存问题，我们提出的政策建议如下：

第一，构建科技服务业良性产业生态，最根本的是形成科技服务业人才的良性成长环境。在关于科技服务业对区域能力影响间接效应的实证检验中，代表人力资本积累的变量中介效应检验结果最为显著，且在三个渠道中的中介效应绝对值最高，表明科技服务业发展通过聚集大量高素质、高智力人才进行知识生产活动，在此过程中加快人力资本积累速度，以实现区域创新发展。但是，不同于投资、企业聚集等可以在短时间内观测到进步，这种人才培育作用的显现需要一个较长的周期，并且与区域的人才吸引能力十分相关，所以这种对人力资本培育的外部性一般很难直接被政策制定者纳入量化考核范围内。

因此，本书建议在今后的政策制定中，要考虑科技服务业对区域文化和社会环境、人才培育与思想转变的积极作用，在坚持科技服务业发展以市场为基础的同时，考虑科技服务业发展的社会效益，为科技服务业企业打造更为宽松的政策环境。与此同时，我们要加强区域的人才吸引与人才储备工作，尽可能地避免出现本地区科技服务业企业经过长期培育出的人才被其他地区吸走的现象，促进科技服务业对区域创新能力长期作用的发挥。

第二，科技服务业发展，需要以当地的实体经济状况为基础，需要与区域内经济发展的客观阶段相适应。本书第一章、第三章和第四章均有强调，科技服务业的本质仍然是"服务业"，其与实体经济之间有着不可替代的作用。本书理论研究部分提出，当科技服务业发展与当前经济发展阶段不相适应，不能形成整体上的技术促进作用时，过度发展科技服务可能挤占实体经济与生产性技术的增长空间。这一点对我国中西部发展具有一定的启示。我国中西部一些地区仍处于工业化前中期，实体产业基础尚不完善，单纯发展科技服务业很可能不仅不能实现技术的提升，反而给一些企业以科技服务业为名从事与技术毫不相关的虚拟经济的机会（如近来较多的"网贷"产业）。这些产业的发展不仅不利于本地区域创新能力的提升，反而会恶化区域内的金融环境，进而不利于区域整体的经济增长。因此，对科技服务业的鼓励与发展一定要尊重地区实际，发展与本地生产技术进步需求相适应的科技服务业。例如，借鉴青岛地区围绕冰箱、电视等"白色家电"产业，在科技服务业规划中着力发展"家居物联""智慧家居""数字家庭"等与白色家电硬件相配套的科技服务业，重点是与"白色家电"相适应的智能软件的开发。又如，成都市在文化产业发展规划中提及，要利用成都软件园与成都娱乐行业这两大优势，着力发展游戏软件业产业。

第三，具体区分科技服务发展的不同行业细分部门特征，有针对性地给予基础设施方面的支持。科技服务业发展对相关基础设施要求较高，我们通过演化经济地理分析和门槛效应分析可以发现，凡市场发育水平较高、基础设施建设较好的地区，往往更能通过科技服务业人才和知识的创造与流动，实现区域创新能力的提升。这启示政府在制定科技服务业的发展扶持政策时，要注重与科技服务业发展相关的基础设施建设。例如，针对与基础研发相关、投资周期较长、风险较大的科技服务业和"准公共产品"，政府可以采用政府投资或者直接补贴的形式。我们以政府支持投资来弥补市场不愿意或者无法供给公共物品与基础技术，优化区域创新能力提升的基础条件。例如，合肥作为科技服务业发展的后发地区，通过引进高校、科研院所等方式，提升区域基础技术研发能力，为科技服务业发展提供基础人才与硬件储备，使得其科技服务业发展水平近年来迅速提升。后发地区也可以参考合肥的发展模式，结合当地科技服务业发展细分行业需求，有针对性地引入相关基础研究机构。

二、重视扶持政策的现实效率与前瞻性相结合

在第四章现状分析中提及，中国科技服务业发展与经济发展规划关系密切。但在现实中，与其他产业政策相同，有些科技服务业的支持政策反而会抑制市场发挥资源配置作用，造成部分地区科技服务业发展的扭曲。实证研究也印证了这个结论，科技服务业对区域创新能力产生影响的直接机制的实证结果发现，甚至可能出现一部分单纯为获取政府补贴的"搭便车者"。这种科技服务业企业虽然在数量上会起到扩张科技服务业企业规模、增加地区创新产出的作用，但是很难从技术质量上使研发效率提升。门槛效应研究则表明，知识产权保护制度的强弱程度与知识溢出效应呈现出先促进后抑制的"倒U形"趋势。现阶段，中国知识产权保护制度实际执行力度不足，使得企业不愿意将知识在商业互动中进行显性或者隐性的传播，这阻碍着知识溢出作用的发挥。尤其是在当今市场出现"创新分工"新现象的背景下，知识溢出应该是科技服务业最为重要的正外部性发挥作用的渠道，这启示我国应该从制度建设上注重保护科技服务业发挥正外部性的积极性。产生上述问题的根源在于，科技服务业市场作用和政府

作用在现阶段还有不相协调与匹配的状况。一方面，在发挥科技服务业对区域创新能力的过程中，企业是最为重要也是最具活力的主体，无论是技术市场高度开放的美国、日本，还是政府政策痕迹较重的欧洲国家和印度，其科技服务业发挥作用的过程都是一个不断市场化的过程。另一方面，中国作为技术后发国家，科技服务业发挥作用的过程也与政府的政策紧密相关。这启示我们在制定扶持政策时，要注重现实收益与战略性相结合。

第一，针对科技服务业发展的扶持政策，我们也要充分考虑目标产业的发展前景与扶持效率。首先，各个地区不能盲目追求科技服务业发展的规模与其在地区生产总值中的比重，而是将关注点转向科技服务业的效率上。其次，对科技服务业的划分要严格，根据国民经济产业目录严格规定科技服务业的业务范围，防止不具备科技研发与服务应用属性的企业借助科技服务业的名义享受优惠政策。再次，建立对科技服务业企业的科学评价方法，科技服务业企业既不同于制造业企业，也不同于传统的服务业企业，其资产结构一般具有无形资产占比相对较多、研发支出占比较大、成长迅速等的特征。因此，对科技服务业的评价，不能单纯从固定资产、当前盈利等方面判断企业的发展状态，我们应该结合管理学相关理论与科技服务业实际发展特征，形成对科技服务业效益衡量与监督的科学评估体系。最后，要引导科技服务业发挥正向社会效益。科技服务业的发展可能具有很强的外部性，可能通过吸引人才、推动研发和吸引相关技术产业等方式推动区域创新能力的发展。

为此，我们建议政府在制定科技服务业发展的扶持政策时，可以适度地从"补贴规模"向"补贴外部性"转变。例如，鼓励科技服务业进行对整个区域研发有贡献的工作，以及科技服务业企业引入的高端人才等政府给予一定的补贴。

第二，政策激励也要着眼未来，扶持一些短期具有一定风险，但是具有战略性与前瞻性的产业部门，重视科技服务企业发展的长期作用。这需要构建有利于科技服务业发挥作用的长期规划。当前多数地区的科技服务业规划仅仅是"就产业论产业"，只是对科技服务业发展的重点部门、园区建设和扶持政策做出了规定。今后的规划应该着眼于科技服务业发展相关的人才培育、技术引进和研发管理等方面，并且在目前一年期、三年期和五年期的规划基础上，制定一个更为长久的发展目标，从关系科技服务业与区域创新能力发展的基础要素入手，增强科技服务业发展的长期能力。与此同时，我们要注重对规划的动态调整，科技服务业是一个变化较快的产业，要制定常态的科技服务业发展现状评估机制，根据科技服务业发展的变化，及时对规划中与技术进步和市场发展不相适应的内容进行调整，增强发展规划的可持续性。

三、注重区域差异性与多元性

第四章发现中国科技服务业对区域创新能力的影响状况存在显著的区域不平衡现象，后续的实证研究也支持了这种定性分析的差异性假说。与此同时，由于区域发展水平差异巨大，先发地区对后发地区的带动作用十分有限，不平衡、不协调的科技服务业区域发展状况不利于中国整体创新能力的提升。

这启示我们要注重科技服务业发展战略的整体性。科技服务业作为新兴的高新技术服务业，其发展从空间上来说一定会带有不平衡的极化特征，这也是发挥科技服务业对区域创新能力与经济发展带动辐射作用的重要基础。受制于各地区的基础条件与发展水平，其最终发挥作用的形态则会呈现出不同的特征，并且在完全市场条件下可能会造成强者越强弱者越弱的"马太效应"，使得一些后发地区失去科技服务业发展的机会。因此在鼓励先发地区优先发展的同时，我们应积极促进科技服务业成熟的模式与技术向后发地区转移，从整体上提升整个国家的区域创新能力。各区域之间，要鼓励先发优势地区产业更新换代与后发优势地区的产业升级战略相配合。一般来说，科技服务业发展的新技术、新部门和新业态会在基础较好的发达地区产生，后发地区一般在产业升级中处于被动地位。科技服务业的扩散模式不同于传统制造业的按照地理距离远近的渐进式扩散，以信息为载体的部分科技服务业可以实现快速的远距离、跨区域扩散。后发地区可以利用科技服务业这一特征与先发地区主动对接，利用后发地区的比较优势形成针对科技服务业发展的某个科技服务业新部门或者新业态的产业关联，使得先发地区的发展带动后发地区的转型，发挥科技服务业对跨区域创新能力的带动作用，最终形成一个全国互联互通，发达地区作为创新引擎，其他地区发挥区域比较优势的全国性科技服务业市场体系。

我们从第四章演化经济地理分析以及后续的实证研究中发现，目前中国各地区的科技服务业在影响创新能力的程度和机制上都存着一定的差异，即科技服务业对区域创新影响模式的多元性。这启示我们在政策制度的制定过程中，尤其是对科技服务业这种发展具有高度变异性、时效性和不确定性的行业，要给予各地区更大的自主决策权，为区域因地制宜发展科技服务业、提升区域创新能力提供良好的政策环境。我们应该按照科技服务业与创新能力的发展阶段，明确各地区在国家创新体系中的定位和作用，在此基础上，制定既符合区域特色又鼓励跨区域合作的区域科技服务业发展规划。

参考文献

一、中文参考文献

（一）专著

［1］陈岩峰. 促进科技服务业发展政策支持体系研究［M］. 广州：暨南大学出版社，2011.

［2］傅家骥. 技术创新学［M］. 北京：清华大学出版社，1998.

［3］盖文启. 创新网络：区域发展新思维［M］. 北京：北京大学出版社，2002.

［4］胡伟. 区域经济学导论［M］. 王翼龙，译. 北京：商务印书馆，1990.

［5］蔺雷，吴贵生. 服务创新［M］. 北京：清华大学出版社，2007.

［6］波特. 国家竞争优势［M］. 李明轩，邱如美，译. 北京：中信出版社，2012.

［7］祁明. 区域创新标杆［M］. 北京：科学出版社，2009.

［8］魏后凯. 现代区域经济学［M］. 北京：经济管理出版社，2006.

［9］魏江，BODEN M. 知识密集型服务业与创新［M］. 北京：科学出版社，2004.

［10］魏江，胡胜蓉. 知识密集型服务业创新模式［M］. 北京：科学出版社，2007.

［11］吴泗. 科技服务业发展生态研究［M］. 北京：光明日报出版社，2012.

（二）期刊

［1］白俊红，卞元超. 中国政府 R&D 资助空间自相关特征研究［J］. 科研管理，2016，37（1）.

［2］曹广喜. FDI 对中国区域创新能力溢出效应的实证研究：基于动态面板数据模型［J］. 经济地理，2009，29（6）.

［3］曹佳蕾，李停. 基于熵权 GC-TOPSIS 的区域科技创新能力评价与实证［J］. 统计与决策，2020，36（15）.

［4］曹贤忠，曾刚，司月芳，等. 企业创新网络与多维邻近性关系研究述评［J］. 世界地理研究，2019，28（5）.

［5］柴志贤. 工业集聚、城市化与区域创新能力：基于中国省级面板数据的研究［J］. 技术经济，2008（5）.

［6］陈菲琼，钟芳芳，陈珧. 中国对外直接投资与技术创新研究［J］. 浙江大学学报（人文社会科学版），2013，43（4）.

［7］陈劲，陈钮芬，余芳珍. FDI 对促进我国区域创新能力的影响［J］. 科研管理，2007（1）.

［8］陈林，朱卫平. 出口退税和创新补贴政策效应研究［J］. 经济研究，2008，43（11）.

［9］陈柳钦. 产业集群与区域创新体系互动分析［J］. 重庆大学学报（社会科学版），2005（6）.

［10］陈琪，徐东. 区域创新体系的系统结构研究［J］. 科技进步与对策，2007（8）.

［11］陈彦光，刘继生. 基于引力模型的城市空间互相关和功率谱分析：引力模型的理论证明、函数推广及应用实例［J］. 地理研究，2002

(6).

　　[12] 陈艳华. 基于熵权 TOPSIS 的区域科技创新能力实证研究 [J].
工业技术经济，2017，36 (5).

　　[13] 成学真，孙吉乐，李灵君. 区域创新能力空间异质性分析 [J].
统计与决策，2017 (19).

　　[14] 程梅青，杨冬梅，李森成. 天津市科技服务业的现状及发展对
策 [J]. 中国科技论坛，2003 (3).

　　[15] 楚尔鸣，曹策. 人才流动缩小了区域经济差距吗？——来自技
术转移的经验证据 [J]. 财经科学，2019 (9).

　　[16] 代丽华，林发勤. 双向 FDI 影响区域创新能力的门槛效应研究：
基于知识产权保护的视角 [J]. 中山大学学报（社会科学版），2020，60
(4).

　　[17] 刁伍钧，扈文秀，张建锋. 科技服务业评价指标体系研究：以
陕西省为例 [J]. 科技管理研究，2015，35 (4).

　　[18] 杜振华. 科技服务业发展的制度制约与政策建议 [J]. 宏观经济
管理，2008 (12).

　　[19] 方齐. 科技服务业服务创新过程与绩效关系实证研究 [J]. 科学
学与科学技术管理，2015，36 (9).

　　[20] 方文中，罗守贵. 自主研发与技术引进对全要索生产率的影响：
来自上海高新技术企业的实证 [J]. 研究与发展管理，2016，28 (1).

　　[21] 方远平，谢蔓. 创新要素的空间分布及其对区域创新产出的影
响：基于中国省域的 ESDA-GWR 分析 [J]. 经济地理，2012，32 (9).

　　[22] 冯华，王智毓. 我国科技服务业与经济增长关系的实证研究
[J]. 软科学，2018，32 (2).

　　[23] 付晓萍. 对企业创新台幼指标评价体系的探讨 [J]. 价格与市
场，2001 (12).

［24］郭庆旺，贾俊雪. 中国全要素生产率的估算：1979—2004［J］.经济研究，2005（6）.

［25］郭研，张皓宸. 政府创新补贴、市场溢出效应与地区产业增长：基于科技型中小企业技术创新基金的实证研究［J］. 产业经济研究，2020（4）.

［26］杭燕. 苏州市现代服务业的现状及发展对策［J］. 市场周刊（理论研究），2006（10）.

［27］何郁冰. 产学研协同创新的理论模式［J］. 科学学研究，2012，30（2）.

［28］贺灿飞，李伟. 演化经济地理学与区域发展［J］. 区域经济评论，2020（1）.

［29］侯鹏，刘思明. 内生创新努力、知识溢出与区域创新能力［J］.当代经济科学，2013，35（6）.

［30］胡晓辉，张文忠. 制度演化与区域经济弹性：两个资源枯竭型城市的比较［J］. 地理研究，2018，37（7）.

［31］胡元木. 技术独立董事可以提高 R&D 产出效率吗？——来自中国证券市场的研究［J］. 南开管理评论，2012，15（2）.

［32］胡志坚，苏靖. 区域创新系统理论的提出与发展［J］. 中国科技论坛，1999（6）.

［33］黄灿，年荣伟，蒋青嬗，等. “文人下海”会促进企业创新?［J］. 财经研究，2019，45（5）.

［34］黄晓治，曹鑫. 产业集群与区域创新能力提升：基于结构、行为、绩效的分析［J］. 经济问题探索，2006（12）.

［35］姜明辉，贾晓辉. 基于 C-D 生产函数的产业集群对区域创新能力影响机制及实证研究［J］. 中国软科学，2013（6）.

［36］蒋永康，梅强，李文远. 关于科技服务业内涵和外延的界定

［J］. 商业时代，2010（6）.

　　［37］靳巧花，严太华. 自主研发与区域创新能力关系研究：基于知识产权保护的动态门限效应［J］. 科学学与科学技术管理，2017，38（2）.

　　［38］寇小萱，孙艳丽. 基于数据包络分析的我国科技园区创新能力评价：以京津冀、长三角和珠三角地区为例［J］. 宏观经济研究，2018（1）.

　　［39］李勃昕，韩先锋，李宁. 知识产权保护是否影响了中国 OFDI 逆向创新溢出效应？［J］. 中国软科学，2019（3）.

　　［40］李成刚，杨兵，苗启香. 技术创新与产业结构转型的地区经济增长效应：基于动态空间杜宾模型的实证分析［J］. 科技进步与对策，2019，36（6）.

　　［41］李国凤. 产业集聚与区域创新能力耦合协调发展研究［J］. 统计与决策，2018，34（8）.

　　［42］李国平，王春杨. 我国省域创新产出的空间特征和时空演化：基于探索性空间数据分析的实证［J］. 地理研究，2011，31（1）.

　　［43］李建，卫平. 民间金融、城市化与创新能力实证［J］. 中国人口·资源与环境，2015，25（2）.

　　［44］李建标，汪敏达，任广乾. 北京市科技服务业发展研究：基于产业协同和制度谐振的视角［J］. 科技进步与对策，2011，28（7）.

　　［45］李建标，汪敏达，任广乾. 深圳市科技服务业发展研究：基于产业协同演进和制度谐振的视角［J］. 城市观察，2010（3）.

　　［46］李建标，汪敏达. 天津科技服务业发展研究：产业协同和制度谐振的视角［J］. 城市观察，2012（6）.

　　［47］李晶，黄斌. 科技服务业新分类及发展形势分析［J］. 企业科技与发展，2011（23）.

　　［48］李秦阳. 基于随机前沿方法的区域创新效率影响因素分析［J］.

统计与决策，2019，35（14）.

[49] 李习保. 中国区域创新能力变迁的实证分析：基于创新系统的观点 [J]. 管理世界，2007（12）.

[50] 李晓龙，冉光和，郑威. 科技服务业空间集聚与企业创新效率提升：来自中国高技术产业的经验证据 [J]. 研究与发展管理，2017，29（4）.

[51] 李志刚，汤书昆. 科技中介服务业建设水平评价指标体系研究 [J]. 科学学与科学技术管理，2004（8）.

[52] 李志宏，王娜，马倩. 基于空间计量的区域间创新行为知识溢出分析 [J]. 科研管理，2013，34（6）.

[53] 梁超. 垂直专业化、人力资本与我国的技术创新能力：基于工业行业动态面板的实证研究 [J]. 产业经济研究，2013（2）.

[54] 廖晓东，邱丹逸，林映华. 基于区位熵的中国科技服务业空间集聚测度理论与对策研究 [J]. 科技管理研究，2018，38（2）.

[55] 刘秉镰，李清彬. 中国城市全要素生产率的动态实证分析：1990—2006：基于 DEA 模型的 Malmquist 指数方法 [J]. 南开经济研究，2009（3）.

[56] 刘焕鹏，严太华. OFDI 与国内创新能力关系中的"门限效应"：区域金融发展视角的实证分析 [J]. 科研管理，2015，36（1）.

[57] 刘军跃，刘威，钟升，等. 重庆知识密集型服务业发展现状及对策研究 [J]. 中国集体经济，2011（3）.

[58] 刘顺忠，官建成. 区域创新系统创新绩效的评价 [J]. 中国科学管理，2002（1）.

[59] 刘志彪，张杰. 全球代工体系下发展中国家俘获型网络的形成、突破与对策：基于 GVC 与 NVC 的比较视角 [J]. 中国工业经济，2007（5）：39-47.

［60］刘志高，崔岳春. 演化经济地理学：21 世纪的经济地理学［J］. 社会学科战线，2008（6）.

［61］刘志高，张薇. 演化经济地理学视角下的产业结构演替与分叉研究评述［J］. 经济地理，2016，36（12）.

［62］柳卸林，胡志坚. 中国区域创新能力的分布与成因［J］. 科学学研究，2002（5）.

［63］柳卸林. 区域创新体系成立的条件和建设的关键因素［J］. 中国科技论坛，2003（1）.

［64］龙拥军，杨庆媛. 重庆市经济空间影响力研究［J］. 经济地理，2012（5）.

［65］卢俊，罗能生. 所有制结构对区域创新能力影响的实证研究［J］. 河南农业大学学报，2015，49（2）.

［66］鲁钊阳，廖杉杉. FDI 技术溢出与区域创新能力差异的双门槛效应［J］. 数量经济技术经济研究，2012，29（5）.

［67］罗胤晨，谷人旭. 1980—2011 年中国制造业空间集聚格局及其演变趋势［J］. 经济地理，2014，34（7）.

［68］马海涛，卢硕，张文忠. 京津冀城市群城镇化与创新的耦合过程与机理［J］. 地理研究，2020，39（2）.

［69］孟庆敏，梅强. 科技服务业与制造企业互动创新的机理研究及对策研究［J］. 中国科技论坛，2011（5）.

［70］宁凌，王建国，李家道. 三省市科技服务业激励政策比较［J］. 经营与管理，2011（5）.

［71］宁凌，郭龙龙. 需求主导型科技服务业激励政策的构建［J］. 科技进步与对策，2011，28（24）.

［72］潘雄锋. 中国区域创新发展时空演化的测度分析［J］. 大连理工大学学报（社会科学版），2010，31（1）.

［73］彭冲，李春风，李玉双. 产业结构变迁对经济波动的动态影响研究［J］. 产业经济研究，2013（3）.

［74］齐亚伟，陶长琪. 环境约束下要素集聚对区域创新能力的影响：基于 GWR 模型的实证分析［J］. 科研管理，2014，35（9）.

［75］齐亚伟. 我国区域创新能力的评价及空间分布特征分析［J］. 工业技术经济，2015，34（4）.

［76］钱晓烨，迟巍，黎波. 人力资本对我国区域创新及经济增长的影响：基于空间计量的实证研究［J］. 数量经济技术经济研究，2010，27（4）.

［77］钱雪松，康瑾，唐英伦，等. 产业政策、资本配置效率与企业全要素生产率：基于中国 2009 年十大产业振兴规划自然实验的经验研究［J］. 中国工业经济，2018（8）.

［78］秦松松，董正英. 科技服务业集聚对区域创新产出的空间溢出效应研究：基于本地溢出效应和跨区域溢出效应的分析［J］. 管理现代化，2019，39（2）.

［79］任胜刚，陈凤梅，魏峰. 国外区域创新系统具体地区的实证研究述评［J］. 中国科技论坛，2007（1）.

［80］任胜刚，胡春燕，王龙伟. 我国区域创新网络结构特征对区域创新能力影响的实证研究［J］. 系统工程，2011，29（2）.

［81］芮雪琴，李环耐，牛冲槐，等. 科技人才聚集与区域创新能力互动关系实证研究：基于 2001—2010 年省际面板数据［J］. 科技进步与对策，2014，31（6）.

［82］沙文兵，李莹. OFDI 逆向技术溢出、知识管理与区域创新能力［J］. 世界经济研究，2018（7）.

［83］沙文兵，李莹. 国内外区域创新能力研究评述［J］. 山东工商学院学报，2018，32（5）.

［84］邵云飞，谭劲松. 区域技术创新能力形成机理探析［J］. 管理科学学报，2006（4）.

［85］沈蕾，靳礼伟. 我国科技服务业与制造业技术融合对产业结构升级的影响［J］. 科技进步与对策，2015，32（8）.

［86］生延超. 创新投入补贴还是创新产品补贴：技术联盟的政府策略选择［J］. 中国管理科学，2008，16（6）.

［87］施卫东，朱俊彦. 我国知识密集型服务业产业关联、创新扩散研究［J］. 统计与决策，2010（12）.

［88］袁海红，张华，曾洪勇. 产业集聚的测度及其动态变化：基于北京企业微观数据的研究［J］. 中国工业经济，2011（9）.

［89］苏屹，林周周，陈凤妍，等. 企业家地方政治关联对企业创新意愿影响的实证研究［J］. 管理工程学报，2019，33（1）.

［90］苏屹，林周周，欧忠辉. 中国省际知识聚合的测度及其对区域创新能力的影响研究［J］. 管理工程学报，2020，34（5）.

［91］孙博，刘善仕，葛淳棉，等. 人才流动网络对企业创新速度的影响研究［J］. 科学学研究，2021，39（6）.

［92］孙文杰，沈坤荣. 人力资本积累与中国制造业技术创新效率的差异性［J］. 中国工业经济，2009（3）.

［93］唐朝生，芦佩，樊少云，等. 京津冀城市群空间经济联系研究：基于修正引力模型［J］. 燕山大学学报（哲学社会科学版），2017，18（6）.

［94］陶峻. 知识密集型服务企业的成长路径［J］. 经济管理，2007（5）.

［95］田轩，孟清扬. 股权激励计划能促进企业创新吗［J］. 南开管理评论，2018，21（3）.

［96］汪志红，谌新民，周建波. 企业视角下人才流动动因研究：来

自珠三角854家企业数据［J］.科技进步与对策，2016，33（5）.

［97］王安琪.河南省科技服务业发展水平实证分析及对策研究［J］.经济论坛，2018（5）.

［98］王成韦，赵炳新.科技服务产业集聚背景下城市格局时空演变特征及趋势研究［J］.科技进步与对策，2019，36（21）.

［99］王海龙，丁堃，沈喜玲.科技服务业创新驱动效应研究：以辽宁投入产出表为例［J］.科技进步与对策，2016，33（15）.

［100］王吉发，敖海燕，陈航.基于创新链的科技服务业链式结构及价值实现机理研究［J］.科技进步与对策，2015，32（15）.

［101］王晶，谭清美，黄西川.科技服务业系统功能分析［J］.科学学与科学技术管理，2006（6）.

［102］王丽平，李菊香，李琼.科技服务业创新生态系统价值共创模式与协作机制研究［J］.科技进步与对策，2017，34（6）.

［103］王鹏，赵捷.区域创新环境对创新效率的负面影响研究：基于我国12个省份的面板数据［J］.暨南学报（哲学社会科学版），2011，33（5）.

［104］王萍，刘思峰.高新区创新网络中的耦合创新研究与模型构建［J］.现代管理科学，2010（5）.

［105］王锐淇，张宗益.区域创新能力影响因素的空间面板数据分析［J］.科研管理，2010，31（3）.

［106］王伟光，冯荣凯，尹博.产业创新网络中核心企业控制力能够促进知识溢出吗？［J］.管理世界，2015（6）.

［107］王学军，陈武.区域智力资本与区域创新能力的关系：基于湖北省的实证研究［J］.中国工业经济，2008（9）.

［108］王业强，朱春筱，邢飞.大学国际化提高了区域创新能力了吗？［J］.财经研究，2018（6）.

［109］王永进，冯笑.行政审批制度改革与企业创新［J］.中国工业

经济，2018（2）.

[110] 王永顺. 加快发展科技服务业 提升创新创业服务水平 [J].
江苏科技信息，2005（8）.

[111] 王宇新，姚梅. 空间效应下中国省域间技术创新能力影响因素
的实证分析 [J]. 科学决策，2015（3）.

[112] 魏浩，巫俊. 知识产权保护、进口贸易与创新型领军企业创新
[J]. 金融研究，2018（9）.

[113] 魏建. 产权保护与经济发展的中国经验 [J]. 北京大学学报
（哲学社会科学版），2018.

[114] 魏江，许庆瑞. 企业创新能力的概念、结构、度量与评价 [J].
科学管理研究，1995（10）.

[115] 魏守华，禚金吉，何嫄. 区域创新能力的空间分布与变化趋势
[J]. 科研管理，2011，32（4）.

[116] 温晓慧，查蒙琪，吉生保，等. 外资角色协调与区域创新能
力：以三大沿海经济圈为例 [J]. 科技进步与决策，2018，35（18）.

[117] 温忠麟，张雷，侯杰泰，等. 中介效应检验程序及其应用 [J].
心理学报，2004（5）.

[118] 伍国勇，孙小钧，于福波，等. 中国种植业碳生产率空间关联
格局及影响因素分析 [J]. 中国人口·资源与环境，2020，30（5）.

[119] 谢其军，冯楚建，宋伟. 合作网络、知识产权能力与区域自主
创新程度：一个有调节的中介模型 [J]. 科研管理，2019，40（11）.

[120] 谢泗薪，戴雅兰. 经济新常态下科技服务业与现代产业联动模
式创新研究 [J]. 科技进步与对策，2016，33（5）.

[121] 徐恺岳，魏建. 专利法第三次修订、技术扩散与企业价值：来
自中国制造业上市公司的经验证据 [J]. 山西财经大学学报，2020，42
（9）.

［122］徐倪妮，郭俊华．科技人才流动的宏观影响因素研究［J］．科学学研究，2019，37（3）．

［123］徐鹏杰，黄少安．我国区域创新发展能力差异研究：基于政府与市场的视角［J］．财经科学，2020（2）．

［124］徐顽强，孙正翠，周丽娟．基于主成分分析法的科技服务业集聚化发展影响因子研究［J］．科技进步与对策，2016，33（1）．

［125］许可，肖德云．科技服务业创新发展与湖北实证研究［J］．科技进步与对策，2013，30（8）．

［126］薛婧，张梅青，王静宇．中国式财政分权与区域创新能力：基于 R&D 边际创新产出及要素市场扭曲的解释框架［J］．经济问题探索，2018（11）．

［127］薛永刚．1995～2015 年"泛珠三角"区域医药制造业创新能力空间计量分析：基于空间误差分量模型的实证研究［J］．软科学，2018，32（7）．

［128］杨勇，李江帆，王利文，等．发展科技服务业推进生产服务业发展：台湾新竹科技园科技服务调研［J］．南方经济，2013（10）．

［129］杨勇．构建广东科技服务业联盟的对策研究［J］．科技管理研究，2011，31（8）．

［130］杨忠开．区域经济学概念、分支与学派［J］．经济学动态，2008（1）．

［131］叶静怡，林佳，姜蕴露．知识溢出、距离与创新：基于长三角城市群的实证分析［J］．世界经济文汇，2016（3）．

［132］易平涛，李伟伟，郭亚军．基于指标特征分析的区域创新能力评价及实证［J］．科研管理，2016，37（S1）．

［133］殷晓红．OFDI 逆向技术溢出对东北三省区域创新能力的影响［J］．辽宁工业大学学报（社会科学版），2018，20（6）．

［134］张海玲. 技术距离、环境规制与企业创新［J］. 中南财经政法大学学报，2019（2）.

［135］张海洋. R&D 两面性、外资活动与中国工业生产率增长［J］. 经济研究，2005（5）.

［136］张建华，王鹏. 中国全要素生产率：基于分省份资本折旧率的再估计［J］. 管理世界，2012（10）.

［137］张军伟，张锦华，吴方卫. 粮食生产中化肥投入的影响因素研究：基于 Durbin 模型的分析［J］. 经济地理，2018，38（11）.

［138］张鹏，梁咏琪，杨艳君. 中国科技服务业发展水平评估及区域布局研究［J］. 科学学研究，2019，37（5）.

［139］张琴，赵丙奇，郑旭. 科技服务业集聚与制造业升级：机理与实证检验［J］. 管理世界，2015（11）.

［140］张清正，李国平. 中国科技服务业集聚发展及影响因素研究［J］. 中国软科学，2015（7）.

［141］张清正. 中国科技服务业空间：演化及影响因素研究［J］. 科技进步与对策，2015（10）.

［142］张文锋，李娟，李宇. 创新集群中有意识的知识溢出与创新促进机制研究［J］. 中国软科学，2019（8）.

［143］张晓亮，杨海龙，唐小飞. CEO 学术经历与企业创新［J］. 科研管理，2019（2）.

［144］张昕，李廉水. 制造业集聚、知识溢出与区域创新绩效：以我国医药、电子及通讯设备制造业为例的实证研究［J］. 数量经济技术经济研究，2007（8）.

［145］张亚翠. 陕西省知识密集型服务业发展影响因素研究［J］. 中国经贸导刊，2011（11）.

［146］张玉明，聂艳华，李凯. 知识溢出对区域创新产出影响的实证

分析：以高技术产业为例 [J]. 软科学，2009（7）.

[147] 张玉珍. 知识密集型服务业在知识创新系统中的功能研究 [J]. 情报杂志，2006（10）.

[148] 张振刚，李云健，陈志明. 科技服务业对区域创新能力提升的影响：基于珠三角地区的买证研究 [J]. 中国科技论坛，2013（12）.

[149] 章立军. 区域创新环境与创新能力的系统性研究——基于省际数据的经验证据 [J]. 财贸研究，2006（5）.

[150] 赵冬梅，陈前前，吴士健. 双创环境下发展科技服务业助推经济转型升级问题研究：以江苏科技服务业为例 [J]. 科技进步与对策，2016，33（14）.

[151] 赵少飞，赵鑫，陈翔. 基于改进密切值法的区域工业绿色技术创新能力评价 [J]. 工业技术经济，2020（7）.

[152] 甄峰，黄朝永，罗守贵. 区域创新能力评价指标体系研究 [J]. 科学管理研究，2000，18（6）.

[153] 甄峰，徐海贤，朱传耿. 创新地理学：一门新兴的地理学分支学科 [J]. 地域研究与开发，2001（1）.

[154] 郑霞. 若干区域科技服务业发展评述 [J]. 科技管理研究，2009（5）.

[155] 钟小平. 科技服务业产业集聚：市场效应与政策效应的实证研究 [J]. 科技管理研究，2014（5）.

[156] 周黎安，罗凯. 企业规模与创新：来自中国省级水平的经验证据 [J]. 经济学（季刊），2005（1）.

[157] 周文永，项洋. 中国各省市区域创新能力关键要素的实证研究 [J]. 科研管理，2015（1）.

[158] 周亚虹，贺小丹，沈瑶. 中国工业企业自主创新的影响因素和产出绩效研究 [J]. 经济研究，2012（5）.

［159］朱邦耀，白雪，李国柱，等．中国创业板上市公司分布时空格局演变［J］．世界地理研究，2019（3）．

［160］朱冰，张晓亮，郑晓佳．多个大股东与企业创新［J］．管理世界，2018（7）．

［161］朱海就．区域创新能力评估的指标体系研究［J］．科研管理，2004，25（3）．

［162］朱晟君，王翀．制造业重构背景下的中国经济地理研究转向［J］．地理科学进展，2018（7）．

［163］朱文涛，顾乃华．科技服务业集聚是否促进了地区创新：本地效应与省际影响［J］．中国科技论坛，2017（11）．

（三）论文

［1］高婷婷．广东省科技服务业创新能力评价研究［D］．武汉：华中科技大学，2012．

［2］韩磊．中国金融资源配置对区域创新能力的影响机制与效应研究［D］．沈阳：辽宁大学，2018．

［3］洪群联．产业集聚与区域创新研究：以我国高技术产业为例［D］．武汉：武汉大学，2010．

［4］李伟民．东北老工业基地区域技术创新竞争力研究［D］．沈阳：辽宁大学，2015．

［5］梁琳．东北地区高技术产业技术创新效率研究［D］．长春：吉林大学，2019．

二、英文参考文献

（一）专著

［1］ANNALEE S. Regional Advantage［M］．Cambridge：Harvard University Press, 1996.

[2] ANSELIN L, FLORAX R J. New Directions in Spatial Econometrics [M]. Berlin: Springer Verlag, 1995.

[3] ANTONELLI C. The Micro Dynamics of Technological Change [M]. London: Routledge, 1999.

[4] ARROW K J. "Economic Welfare and the Allocation of Resources for Invention," The Rate and Direction of Inventive Activity [M]. Princeton: University Press, 1962.

[5] BALDWIN W L. Market Structure and Technological Change [M]. PA: Harwood Academic Publishers, 1987.

[6] BRACYK H, COOKE P, HEIDENREOIH R. Regional Innovation Systems [M]. London: UCL Press, 1998.

[7] BRYSON J R, DANIELS P, WARF W. Service Worlds: People, Organizations, Technologies [M]. London: Routledge, 2004.

[8] CHARLIE K. Handbook of Research on Innovation and Clusters: Cases and Policies [M]. [S. L.]: Edward Elgar Press, 2008.

[9] CHESBROUGH H W. Open Innovation: The New Imperative for Creating and Profiting from Technology [M]. Brighton: Harvard Business Press, 2003.

[10] DANIEL BELI. The Coming of Post Industrial Society [M]. New York: American Educational Bookltd, 1974.

[11] HELPMAN E, KRUGMAN P. Increasing Returns, Imperfect Competition and the International Economy [M]. MA: MIT Press, 1985.

[12] KEEBLE D, WILKINSON F. High-Technology Clusters, Networking and Collective Learning in Europe [M]. Ashgate Aldershot, 2000.

[13] LUNDAVALL B. National Systems of Innovation: Towards a Theory

of Innovation and Interactive Learning [M]. Pinter Pub Ltd. Press, 1992.

[14] MARSHALL J N. Services and Uneven Development [M]. Oxford: Oxford University Press, 1988.

[15] MILES I, KASTRINOS N, BILDERBEEK R, HERTOG P D. Knowledge-Intensive Business Services-Users, Carriers and Sources of Innovation [M]. Luxembourg: European Innovatio Monitoring System Publication, 1995.

[16] MILES I. "Innovation in Services": The Oxford Handbook of Innovation [M]. Oxford: Oxford University Press, 2005.

[17] McKinsey Global Institute. The China Effecton Global Innovation [M]. McKinsey& Company, 2015.

[18] MILES N, KASTRINOS R, BILDERHEEK, et al. Knowlede Intensive Business Services: Their RoleAs Users, Aarriers and Sources of Innovation [M]. Luxembourg: Report to EC DG XIII, 1995.

[19] NELSON R R. National Innovation Systems: A Comparative Analysis [M]. New York: Oxford University Press, 1993.

[20] PETERFDRUCKER. Drucker lectures: Essential lessons [M]. New York: McGraw-Hill, 2011.

[21] SCHUMPETER J A. Capitalism, Socialism and Democracy: 3rd ed. [M]. New York: Harper & Row Press, 1950.

[22] SCOTT J T. Firm versus Industry Variability in R&D Intensity [M] // GRILICHES Z. R & D, Patents and Productivity [M]. Chicago: University of Chicago Press, 1984.

[23] SUNDBO J, GALLOUJ F. Innovation in Services in Seven European Countries: the Results of Work Packages 3-4 of the SI4S Project [M]. Roskilde University, 1998.

[24] TINBERGEN J. Shaping the World Economy: Suggestions for an Interna-

tional Economic Policy ［M］. New York：The Twentieth Century Fund，1962.

［25］WESTPHAL L E，YONG W R，PURSELL G. Soure of Technologieal CaPability in South Area ［M］// FRANSMAN M，KING K. Technological Capability in the Third World，1984.

［26］WOOD P. The Economic Role of Producer Services：Some Canadian Evidence. In Services and Uneven Development ［M］. Oxford：Oxford University Press，1988.

［27］WOOD P. Knowledge Intensive Business Services ［M］//KITCHIN R，THRIFT N. International Encyclopedia of Human Geography. Amsterdam：Elsevier science Ltd，2009.

［28］WOOD P. Consultancy and Innovation：The Business Service Revolutionin Europe ［M］. London：Routledge，2002.

（二）期刊

［1］ABDULLAH M A. The Sustainable Service Management Factors in High Technology Transport Service Industry ［J］. Journal of Advanced Manufacturing Technology，2018，12（1）.

［2］AGARWL R，BUENSTORF G，GOHEN W M. The Acquisition and Commercialization of Invention in American Manufacturing：Incidence and Impact ［J］. Research Policy，2016，45（3）.

［3］ANSELIN L，KELEJIAN H. Testing for Spatial Error Autocorrelation in the Presence of Endogenous Regressors ［J］. International Regional Science Review，1997，20：153-182.

［4］AUTIO E. Evaluation of RTD in Regional Systems of Innovation ［J］. European Planning Studies，1998，6（2）.

［5］AUTOR D，DORN D，HANSON G，SHU P. Foreign Competition and

Domestic Innovation: Evidence from U. S. Patents [J]. Social Science Electronic-Publishing, 2020, 2 (3).

[6] BAI Y. Human Capital, Industry Structure Upgrading and Economic Growth in China: A Literature Review [J]. International Journal of Business and Mangement, 2020, 15 (8).

[7] BANERJEE R, ROY S, GAPITAL H. Technological Progress and Trade: What Explains India's Long Run Growth? [J]. Journal of Asian Economics, 2014, 13 (30).

[8] BATHELT H, COHENDET P. The Creation of Knowledge: Lo – cal Building, Global Accessing and Economic Development—Toward an Agenda [J]. Journal of Economic Geography, 2014, 14 (5).

[9] BLOOM N, DRACA M, VANREENE N J. Trade Induced Technical Change? The Impact of Chinese Imports on Innovation IT and Productivity [J]. The Review of Economic Studies, 2016, 83 (1).

[10] BOSCHMA R, GAPONE G. Institutions and Diversification: Related Versus Unrelated Diversification in a Varieties of Capitalism Framework [J]. Research Policy, 2015, 44.

[11] BROEKEL T, BRENNER T. Regional Factors and Innovativeness: an Empirical Analysis of Four German Industries [J]. The Annals of Regional Science, 2011, 47 (1).

[12] BRYSON J R, KEEBLE D, WOOD P. Business Networks, Small Firm Flexibility and Regional Development in UK Business Services [J]. Entrepreneurship and Regional, 1993, 5.

[13] BUESA M. Regional Systems of Innovation and the Knowledge Production Function [J]. Technovation, 2006, 6 (4).

[14] CARLOS J. Social Capital and Dynamic Capabilities in International Per-

formance of SMEs ［J］. Journal of Strategy and Management, 2011, 4 (4).

［15］ CHANDRASHEKAR D, SUBRAHMANYA M, HILLEMANE M. Absorptive Capacity, Cluster Linkages and Innovation: An Evidence from Bengaluru High-Tech Manufacturing Cluster ［J］. Journal of Manufacturing Technology Management, 2018, 29 (1).

［16］ CHEN K, GUAN J. Mapping the Functionality of China's Regional Innovation Systems: A Structural Approach ［J］. China Economic Review, 2011, 22 (1).

［17］ COOKE P. Regional Innovation System: the Role of Governances in the Globalized World ［J］. European Urban & Regional Studies, 2004, 6 (2).

［18］ CZARNITZKI D. Spielkamp A. Business Services in Germans: Bridges for Innovation ［J］. Service Industrial Journal, 2003, 23 (2).

［19］ DASGUPTA P, PAUL D. Toward a New Economics of Science ［J］. Research Policy, 1994, 23 (5).

［20］ DENHERTOG D P . Knowledge – Intensive Business Service as Co – Prouducers of Innovation ［J］. International Journal of Innovation Management, 2004, 4 (4).

［21］ DING S, SUN P, JIANG W. The Effect of Import Competition on Firm Productivity and Innovation: Does the Distance to Technology FrontierMatter? ［J］. Oxford Bulletin of Economics and Statistics, 2016, 78 (2).

［22］ EBERHART A C, MAXWELL W F, SIDDIQUE A R. An Examination of Long-term Abnormal Stock Returns and Operating Performance Following R&D Increases ［J］. Journal of Finance, 2004 (59).

［23］ FREEL M. Patterns of Technological Innovation in Knowledge-Intensive Business Services ［J］. Industry and Innovation, 2006, 13 (3).

［24］ FUENTES C D, DUTRÉNIT G. Geographic Proximity and University-industry Interaction: The Case of Mexico [J]. Journal of Technology Transfer, 2016, 41 (2).

[25] GALLIE E, LEGROS D. Firms' Human Capital, R&D and Innovation: A Study on French Firm [J]. Empirical Economics, 2012, 43 (2).

[26] GALLOVJ E F. Innovating in Reverse: Services and the Product cycle [J]. Journal of Innovation Management, 1998, 1 (3).

[27] GLUCKLER J. Economic Geography and the Evolution of Networks [J]. Journal of Economic Geography, 2007, 7 (5).

[28] GOHEN W M, LEVINTHAL D A. Innovation and Learning: The Two Faces of R&D [J]. The Economic Journal, 1989, 103 (4)

[29] GRILICHES Z, MAIRESSE J. Comparing Productivity Growth: An Exploration of French and U. S. Industrial and Firm Data [J]. European Economic Review, 1983 (21).

[30] GRILICHES Z. R&D and the Productivity Slowdown [J]. The American Economic Review, 1980, 70 (2).

[31] HANSEN U E, LARSEN T H, SHIKHA B. Innovation Capability Building in Subsidiaries of Multinational Companies in Emerging Economies: Insights from the Wind Turbine Industry [J]. Journal of Cleaner Production, 2019, 244 (4).

[32] HERTOG P D, BILDERBEEK R. The New Knowledge Infrastructure: the Role of Technology-Based Knowledge Intensive Business Services in National Innovation Systems [J] . 2000.

[33] HIPP C . Knowledge-Intensive Business Services in the New Mode of Knowledge Production [J] . AI and Society, 1999, 13.

[34] HASANA I, TUCCIC C L. The Innovation - Economic Growth Nexus: Global Evidence [J]. Research Policy, 2010, 39 (10).

［35］JAMIL A K, VIKAS K, NIRAJ K. Investigating Innovation Capability and Organizational Performance in Service Firms ［J］. Strategic Change-briefings in Entrepreneurial Fiance, 2020 (29).

［36］JIAO H, ZHOU J, GAO T, et al. The More Interactions the Better? The Moderating Effect of the Interaction Between Local Producers and Users of Knowledge on the Relationship Between R&D Investment and Regional Innovation Systems ［J］. Technological Forecasting and Social Change, 2016, 110.

［37］KEEBLE D, L NACHUM. Why do Business Service Firms Cluster? Small Consultancies, Clustering and Decentralization in London and Southern England ［J］. Transaction of the Institute of British Geographers, 2002, 27 (1).

［38］KIM H. Service Science: Past, Present and Future ［J］. Journal of service science research, 2019, 11 (2).

［39］KIMA Y K, LEEB K. Appropriate Intellectual Property Protection and Economic Growth in Countries at Different Levels of Development ［J］. Research Policy, 2012, 4 (4).

［40］KOKKO A. Technology Market Characteristics and Spillovers ［J］. Journal of Development Economics, 1994, 43.

［41］KOS HATZKY K, ZENKER A. The Regional Embeddedness of Small Manufacturing and Service Firms: Regional Networking as Knowledge Source for Innovation? ［M］. Working Papers Firms and Region, 1999 (R2).

［42］LARSEN J N. Knowledge, Human Resources and Social Practice: Knowledge-Intensive Business Service Fine as a Distributed Knowledge System ［J］. Serv Ind J, 2001, 21 (1).

［43］LASI H, FETTKE P, KEMPER H G, et al. Industry 4.0 ［J］. Business Information System Engenering, 2014, 6.

［44］LAWSON C. Towards a Competence Theory of the Region ［J］.

Cambridge Journal of Economics, 1999, 23 (2).

[45] LEE K R, SHIM S, JEONG B, et al. Knowledge Intensive Service Activities (KISA) in Korea's Innovation System [J]. OECD Report, 2003, 21 (2).

[46] LEIPONEN A. Knowledge Services in the Innovation System [M]. Helsinki: Taloustieto, 2001.

[47] LEVIN R C, COHEN W M, MOWERY DC. R&D Appropriability, Opportunity, and Market Structure: New Evidence on Some Schumpeterian Hypotheses [J]. American Economic Review, 1985, 75 (2).

[48] LU Y, YU L. Trade Liberalization and Markup Dispersion: Evidence from China's WTO Accession [J]. American Economic Journal Applied Economics, 2015, 7 (4).

[49] LUCAS D S, BENITEZ G B, AYALA N, et al. The Expected Contribution of Industry 4.0 Technologies for Industrial Performance [J]. International Journal of ProductionEconomics, 2018, 204.

[50] MAROTO A, RUBALCABA. Services Productivity Revisited [J]. The Service Industries Journal, 2008, 28 (4).

[51] MOHANNAK K. Innovation Networks and Capability Building in the Australian High-TechnologySMEs [J]. European Journal of Innovation Management, 2007, 10 (2).

[52] MA J, XU Y S. The Opportunity-Driven Innovation Catching-Up from China in Engineering and Technical Service Industry [J]. International Journal of Technology Management, 2019, 80 (3-4).

[53] MICHAEL T, FRANZ T. Developing Biotechnology Clusters in Non-high Technology Regions: The Case of Austria [J]. Industry and Innovation, 2007, 14 (1).

[54] MICHELLE G, BRUCE K. Does Good Science Lead to Valuable

Knowledge? Biotechnology Firms and the Evolutionary Logit of Citation Patterns [J]. Management Science, 2003, 49 (4).

[55] NELSON R R. The Simple Economics of Basic Research [J]. Journal of Political Economy, 1959, 67 (3).

[56] NELSON R R. The Simple Economics of Basic Scientific Research: looking back and looking forward [J]. Industrial and Corporate Change, 2006, 15 (6).

[57] PUAL V. The Knowledge Continuum – Organizing for Research and Scholarly Communication [J]. Internet Research, 1999, 9 (3).

[58] ROMER P M. Increasing Returns and Long–Run Growth [J]. The Journal of Political Economy, 1986, 94 (5).

[59] ROMER P M. Endogenous Technological Change [J]. Journal of Political Economy, 1990, 98 (5).

[60] ROACH M, COHEN W M. Lens or Prism? Patent Citations as a Measure of Knowledge Flowsrom Public Research [J]. Management Science, 2013, 59 (2).

[61] ROMANO R E. Aspects of R&D Subsidization [J]. The Quarterly Journal of Economics, 1989, 104 (4).

[62] SETIAWAN A, KAUTSARINA M, SASTROSUBROTO A S. Development of the Information and Communication Technology Service Industry in Indonesia [J]. AJTDE, 2017, 5 (3).

[63] SPELL C S. Organizational Technologies and Human Resource Management [J]. Human Relations, 2001 (54).

[64] STERNBERG R. Innovation Networks and Regional Development–Evidence from the European Regional Innovation Survey (ERIS): Theoretical Concepts, Methodological Approach, Empirical Basis and Introduction to the Theme

[J]. Europeua Planning Studies, 2000, 8.

[65] SWEET C M, ETEROVIC D S. Do Stronger Intellectual Property Rights Increase Innovation? [J]. World Development, 2015 (66).

[66] TAKEDA Y, KAJIKAWA Y, SALCATA I. An Analysis of Geographical Agglomeration and Modularized Industrial Networks in a Regional Cluster: a Case Study at Yamagata Prefecture in Japan [J]. Technovation, 2008, 28 (8).

[67] WANG K, SUN D. An Evolutionary Algorithm of the Regionalcollaborative Innovation Based on Complex Network [J]. Discrete Dynamics in Nature and Society, 2016 (3).

[68] WANG S, ZHANG J, FAN F, et al. The Symbiosis of Scientific and Technological Innovation Efficiency and Economic Efficiency in China—an Analysis Based on Data Envelopment Analysis and Logistic Model [J]. Technology Analysis & Strategic Management, 2018, 31 (1).

[69] WONG P K, HE Z L. A Comparative Study of Innovation Behavior in Singapore's KIBS and Manufacturing Firms [J]. The Service Industries Journal, 2005 (25).

[70] WOO C H. Study on Enhancement of Material Technology Competitiveness through NTIS (National Science & Technology Information Service) Data (Display Field) and Material Industry R& D Case Analysis [J]. Journal of the Semiconductor & Display Technology, 2019, 18 (3).

[71] WOO S, JANG P, KIM Y. Effects of Intellectual Property Rights and Patented Knowledge in Innovation and Industry Value Added: A multinational Empirical Analysis of Different Industries [J]. Technovation, 2015 (43-44).

[72] XU L, WANG J X, LI P. The Coupling Mechanism Between Science and Technology Service Industry's Agglomeration and Regional Innovation

Capability Development Based on Grey Relational Analysis ［J］. Journal of Grey system，2019，31（1）.

［73］ ZHOU Y X. Human Capital，Institutional Quality and Industrial Up-grading：Global Insights from Industrial Data ［J］. Economic Change and Re-structuring，2018，5.

（三）其他类型

［1］ DOLOREUX D & PARTO S. Regional Innovation Systems：A Critical Review ［D］. Tokyo：United Nations University，2004.

［2］ BRANSTETTER L，et al. Is Academic Science Driving a Surge in In-dustrial Innovation? Evidence from Patent Citations ［EB/OL］. Economics，2005-08-01.

［3］ HAUKNES J. Services in Innovation-Innovation in Services ［EB/OL］. RePEc，1998-01.

［4］ KEMPPILÄ S，METTANEN P. Innovations in Knowledge-Intensive Services ［C］. CINet Conference Sydney，2004.

［5］ NKASTRINOS M，et al. Knowledge Intensive Business Service：Their Role as Sources of Innovation ［R］. Report to the ECDG XIII，1995.

［6］ MULLER E，DOLOREUX D. The Key Dimensions of Knowledge-In-tensive Business（KIBS）Analysis：A decade of Evolution ［M］. Working Papers Firms and Region，2007.

［7］ PARK S Y，LEE W. Regional Innovation System Built by Local Agencies：an Alternative Model of Regional Development ［R］. Paper Presented at the ICGG Taegu 2000 Conference，2000.

［8］ XU R，GONG. Does Import Competition Induce R&D Reallocation? Evidence from the US ［M］. International Monetary Fund，2017.